# 검은혁명가
# 맬컴X

검은 혁명가

# 맬컴X

김도언 지음

자음과모음

차례

## 1장
# 흑백 차별 아래서

## 2장
# 수렁으로 빠지는 맬컴

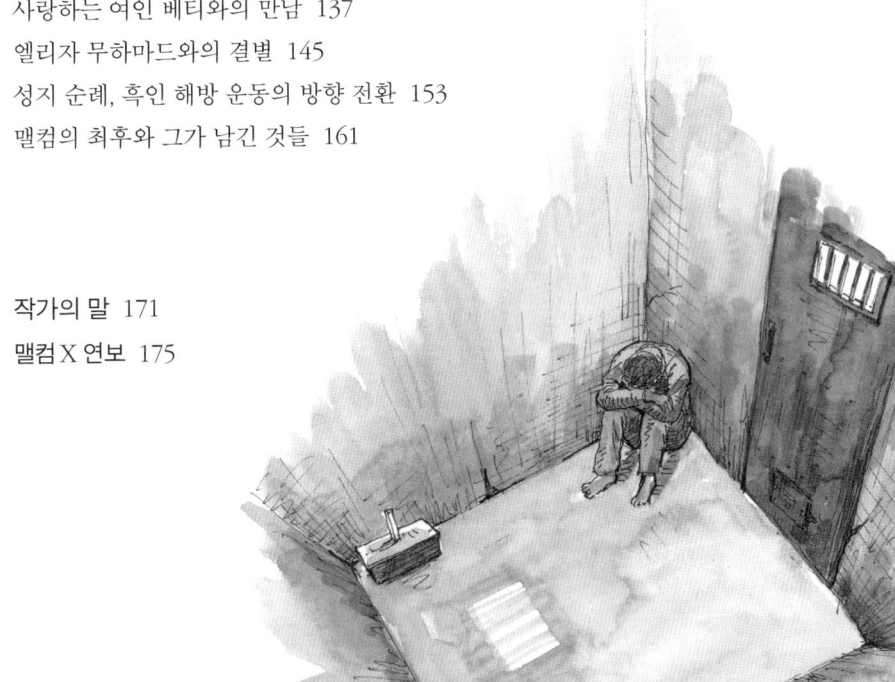

# 흑백 차별 아래서

# 한밤의 화재

1929년 11월, 화창한 가을날이었다. 미국 북부 미시간 주의 한 도시 랜싱에 있는 작은 벽돌집. 네 살밖에 안 된 맬컴 리틀은 채마밭의 채소에 물을 주고 있던 어머니 '루이즈 리틀'에게 다가갔다. 맬컴은 루이즈의 팔에 매달리며 말했다.

"엄마, 나도 채소를 기르고 싶어요. 나에게도 밭을 나눠 주세요."

"우리 예쁜 맬컴 왔구나. 그래, 엄마가 너에게 밭을 나눠 줄게."

루이즈는 꽃삽으로 밭 한 귀퉁이에 선을 그었다. 그러고는 그 선을 손으로 가리키며 말했다.

"자, 여기서 저기까지가 맬컴의 밭이란다. 앞으로는 네가 여기에 물도 주고 거름도 주어야 한단다. 알았지?"

"네, 엄마, 알았어요."

그때 마침 교회에서 예배 인도를 마치고 돌아온 맬컴의 아버지 '얼 리틀'이 대문을 들어섰다. 얼은 루이즈와 맬컴의 모습을 보고는 활짝 웃으며 말했다.

"맬컴이 벌써 채소를 가꾸려고 하네. 하하하."

루이즈와 맬컴도 얼을 따라 환하게 웃었다.

"자, 이제 들어가서 밥 먹자."

맬컴은 얼과 루이즈의 손을 잡고 집 안으로 들어갔다.

맬컴 가족은 식구가 많고 형편이 그다지 넉넉하지는 않았지만 화목하고 단란한 가정이었다. 먹을 것도 풍족하지 않고 좋은 옷도 입을 수 없었지만, 부부간의 애정이 깊었고 형제들끼리도 다투지 않고 서로를 지극히 아끼며 사랑했다. 맬컴 가족은 독실한 기독교 신앙으로 뭉쳐 있었다.

아버지 얼은 작은 교회의 목사였다. 얼의 교회는 주로 흑인들이 다니는 곳이었다. 백인들에게 의존적인 다른 흑인들에 비해, 얼은 자존심과 독립심이 몹시 강했다. 불의를 보면 참지 못하는 불 같은 성격도 가지고 있었다. 그의 아내이자 맬컴의 어머니인 루이즈 역시 남편처럼 자존심이 강하면서 자신이 옳다고 생각하면 뜻을 굽히지 않는 사람이었다. 그녀의 원래 이름은 루이즈 노튼이었다. 하지만 얼 리틀과 결혼하면서 남편의 성 리틀을 따라 이름을 바꾸었다. 그녀는 매우 부지런하고 음식 솜씨가 뛰어났다. 그리고 자상하고 부드러운 성격을 지니고 있었다.

얼과 루이즈는 아들 윌프레드와 필버트, 딸 힐다를 낳은 뒤 네 번째로 '맬컴 리틀'을 낳았다. 나중에 리틀이라는 성을 버리고 'X(엑스)'라는 성을 붙인 다음 흑인들의 독립과 자유를 위해 헌신하는 '맬컴 X'가 바로 맬컴 리틀이다.

평화로웠던 맬컴 가족에게 먹구름이 드리워지기 시작한 것은 맬컴의 아버지 얼 리틀이 흑인 해방 운동에 가담하면서부터였다. 백인들이 흑인들의 독립을 주장하는 얼과 그의 가족을 탐탁하게 여길 리 없었다.

1920년대의 미국은 우리가 생각할 수 없을 정도로 유색 인종에 대한 차별이 심한 곳이었다. 백인들은 자신과 피부색이 다른 사람들을 노골적으로 차별했고 특히 흑인들의 인권을 무참하게 짓밟았다. 백인들은 자신들이 노예로 쓰기 위해 끌고 온 흑인들은 원래 미개하고 무지한 인종이니 자신들과 똑같은 권리를 가져서는 안 된다고 생각했다. 그리고 이런 인종 차별 의식을 흑인들에게도 세뇌시켰다.

'너희 흑인은 백인보다 열등해. 그러니 우리 백인들 말을 잘 들어야 해.'

백인 입장에서는 흑인에게 권리를 준다는 것은 자신들이 이미 차지한 권리를 어느 정도 양보해야 한다는 걸 의미했다. 그건 있을 수 없는 일이었다.

사실 미국은 여러 이주자들이 모여서 만들어진 나라다. 콜럼버스가 신대륙을 발견한 뒤 미국으로 처음 이주해 온 이들은 영국에서 건너온 청교도들이었다. 이들이 어느 정도 삶의 터전을 일구어 놓자 독일과 아일랜드 사람들이 새로운 삶을 꾸리기 위해 미 대륙으로 이주해 왔고, 이어서 폴란드와 이탈리아 사람들이 그 뒤를 따랐다. 백인 이주자들 중 마지막으로 미 대륙에 발을 들여놓은 민족은 유대인이었다. 새로운 이주자들은 그때마다 먼저 이주해 온 사람들의 고약한 '텃세'에 시달려야 했다. 조소와 경멸은 물론이고 때로는 폭행과 약탈의 대상이 되기도 했다. 새로운 이주자는 거의 예외 없이 도시의 일자리 가운데 가장 비천한 직업을 선택해야 했고, 고단하고 힘든 노동으로 생계를 유지해야만 했다. 쉽고 깨끗한 직장은 먼저 이주해 온 사람들의 몫이었다. 뒤늦게 이주해 온 사람들은 그들보다 몇 배의 노력으로 조금씩 사무직이나 전문직의 자리로 사다리를 타면서 올라갔다. 그러면 이어서 밀려오는 새로운 이주자들이 비어 있는 하층민의 일자리를 메웠다.

하지만 흑인은 철저히 소외되었다. 그들은 처음부터 하층민이었고, 그것은 시간이 가도 변하지 않았다. 영국인, 독일인, 아일랜드

인, 폴란드 인, 이탈리아 인들은 그들의 고향이 어디이든지 간에 같은 백인이기 때문에 '미국'이라는 큰 사회 속에 동화될 수 있었지만, 피부색이 다른 흑인은 그럴 수 없었다. 교수, 의사, 정치인, 변호사 등 높은 수입을 올리는 직업을 갖는 것은 물론이고, 공무원이나 사무원이 되는 것도 거의 불가능했다. 흑인들에게 주어지는 일자리라곤 늘 청소부, 가게 점원, 구두닦이나 접시닦이, 호텔 종업원, 웨이터 등이었다. 그나마도 언제 쫓겨날지 모르는 불안정한 상황에서 눈치를 보며 일을 해야 했다.

링컨 대통령에 의해 노예 제도가 폐지되었지만, 인종 차별 의식이 심한 미국 남부에서는 여전히 흑인에 대한 차별 의식이 존재했다. 흑인들은 학교나 공공건물, 식당, 극장 등에 백인과 함께 출입할 수 없었다. 백인은 흑인을 이용해서 벌어들인 돈을 가지고 자기들끼리 화려하고 고급스런 생활을 즐겼다. 하지만 흑인은 도시 중심부의 할렘이라는 빈민가에서 가난과 범죄에 시달려야 했다. 뉴욕 '할렘가'는 미국 전역에 존재하는 빈민가의 대명사가 되었다. 지금은 예전에 비해 많이 나아졌지만 아직까지도 대다수의 흑인들은 빈민들이 모여 사는 할렘가에 거주하면서 미국 주류 사회를 점령한 백인들의 핍박과 착취를 견뎌 내고 있다.

맬컴이 태어난 곳도 오마하라는 작은 도시의 할렘가였다. 1925년 5월 19일, 그는 흑인 목사 얼 리틀과 루이즈 리틀의 네 번째 아이로 태어났다. 맬컴 가족이 랜싱으로 이사를 한 것은 맬컴이 두 살 때였던 1927년의 일이었다.


맬컴이 자신의 채마밭을 가지게 된 날 밤. 모두가 잠든 세상은 깊은 적막에 잠겨 있었다. 어린 맬컴 역시 다디단 꿈에 빠져 있었다. 하늘엔 별이 총총하게 빛나고 있었고, 간간이 나뭇가지에 바람 스치는 소리만 들려올 뿐 사위는 아주 조용했다. 맬컴은 꿈속에서 넓고 넓은 초원을 뛰어가고 있었다. 초원에는 백인과 흑인이 함께 어울려 앉아 도란도란 이야기를 나누며 맛있는 음식을 먹고 있었다. 한쪽에서는 춤을 추는 사람들도 있었다. 저만치 앞에서 어머니와 아버지가 팔을 벌려 맬컴을 부르고 있었다. '맬컴! 여기야, 이리 와!' 맬컴이 다가가자 아버지가 맬컴을 번쩍 들어 올려 안았다. 그러면서 뺨에 키스를 했다. 맬컴은 아버지의 턱수염이 간지러워 입을 벌리고 까르르 웃었다. 맬컴은 기분 좋은 꿈속을 돌아다니고 있었다. 그때 별안간 맬컴의 귓가에 타닥타닥, 무언가가 급히 타들어 가는 소리가 들려왔다. 이어서 아버지의 급박한 고함 소리가 들렸다.

"여보! 애들 깨워, 어서! 불이 났어."

그리고 이어서 몹시 흥분한 목소리로 형제들의 이름을 부르는 엄마의 목소리가 들려왔다.

"윌프레드, 힐다, 필버트, 맬컴! 어서 일어나! 어서!"

두 살배기 남동생 레지널드는 벌써 엄마 품에 안겨 있었다. 레지널드는 엄마에게 매달린 채 자지러지게 울어 댔다.

맬컴은 이 혼돈이 꿈인지 생시인지 분간할 수가 없었다. 사람은 하룻밤에도 좋은 꿈과 나쁜 꿈을 왔다 갔다 한다는데, 그 기분 좋은 꿈이 갑자기 악몽으로 변한 것은 아닌지……. 그때 누군가가 맬컴의 뺨을 손바닥으로 철썩 때렸다. 눈을 떠 보니 창

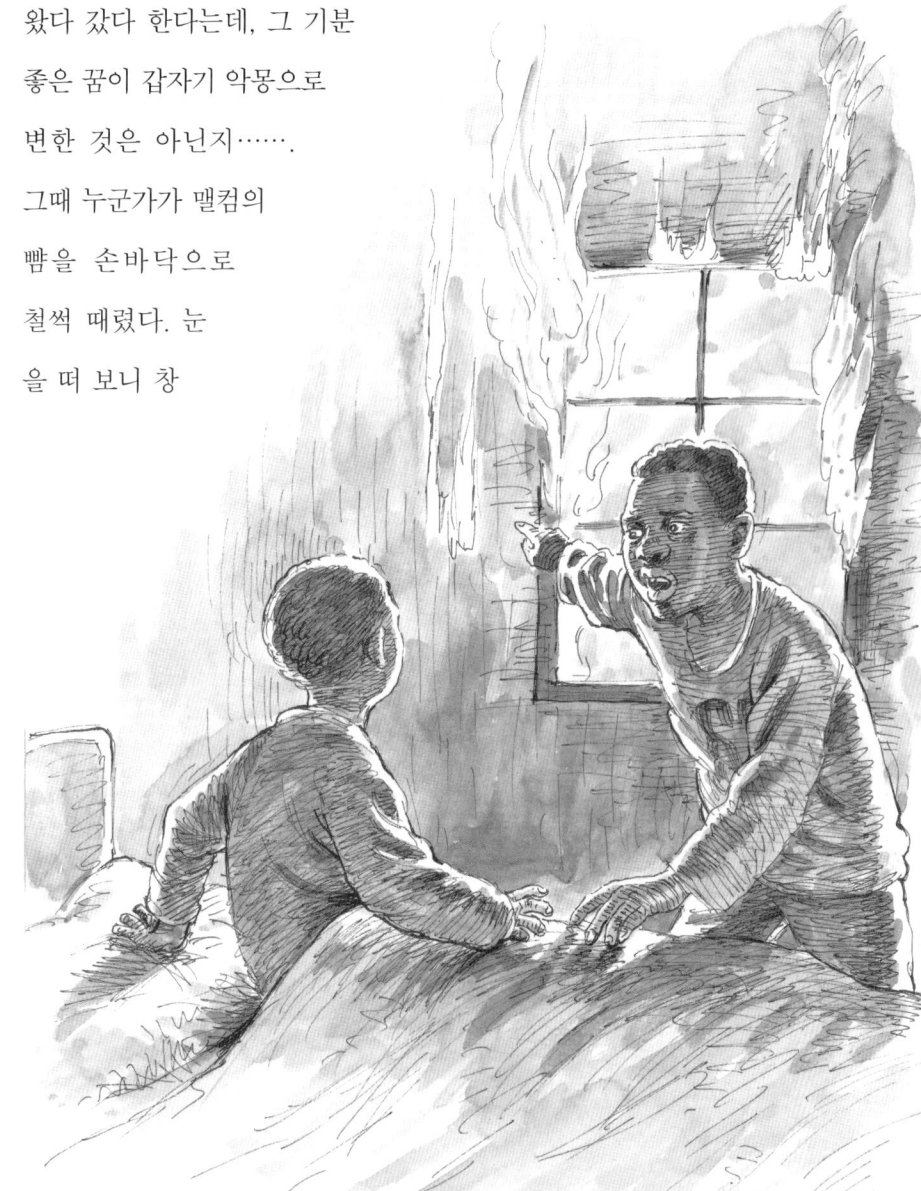

밖으로 벌건 불기둥이 일고 있었다.

"맬컴, 어서 일어나! 집이 불타고 있단 말이야!"

형 월프레드였다. 맬컴은 형의 손을 잡고 황급히 침대에서 일어나 자리를 피했다. 매캐한 연기가 눈앞을 가리면서 숨을 막히게 했다. 타닥타닥, 타들어 가는 소리가 들려오는가 싶더니 불붙은 나무 토막들이 떨어져 내렸다. 집 안은 이미 아수라장이었고 아버지와 어머니의 다급한 목소리만이 어렴풋이 들려왔다.

"어서 밖으로 빠져나가! 어서 어서."

'탕! 탕!'

순간 총소리가 공중에 울려 퍼졌다. 얼이 권총을 쏘면서 누군가의 뒤를 황급히 쫓아가고 있었다.

"거기 서지 못해. 거기 서란 말이야!"

다행히 맬컴의 가족들은 한 사람도 빠짐없이 집 밖으로 나올 수 있었다. 그들이 마당으로 나오니, 집 한쪽 벽이 무너져 내리면서 불꽃이 튀었다. 잠시 후 아버지 얼이 가족이 서 있는 곳으로 돌아왔다. 그의 손엔 권총이 들려 있었다.

"놓치고 말았어. 꼭 잡았어야 했는데……."

맬컴의 가족은 마당에 우두커니 서서 불타고 있는 집을 물끄러미 바라보았다. 얼마 후 경찰관과 소방관이 도착했지만, 그들도 손을 쓰지 않고 맬컴의 가족과 함께 불타는 집을 물끄러미 바라볼 뿐이었다.

맬컴 가족의 보금자리이며 안식처였던 집은 불길에 휩싸인 채 서서히 쓰러져 갔다. 넋이 나갔는지 아무도 입을 열지 않았다. 결국 어머니가 흙바닥에 주저앉아 울음을 터뜨렸다. 윌프레드 형이 옆에서 어머니를 안았다. 아버지는 하늘이 원망스러운지 밤하늘을 올려다보더니, 고개를 돌려 눈물을 훔쳐 냈다. 어린 맬컴은 자신의 가족에게 도대체 무슨 일이 일어났는지 알 수 없었다.

아버지 얼은 낮게 탄식하면서 외쳤다.

"이건 틀림없는 방화야. 나쁜 놈들, 틀림없이 그놈들 짓이야!"

"누구요? 짚이는 데가 있어요? 누가 그랬단 말이에요?"

어머니가 아버지의 눈을 바라보며 물었다.

"누군 누구겠어? KKK단 말이야. 틀림없어."

KKK단이라면 맬컴도 어렴풋이 알고 있었다. 그들은 백인들로 이루어진 악당으로 흑인들을 업신여기고 괴롭히는 사람들이었다. 몇 달 전에도 집에 찾아와 아버지를 협박하고 유리창이며 집기들을 부순 적이 있었다. 그들이 맬컴의 아버지와 가족을 계속 협박하고 괴롭히는 데에는 그만한 이유가 있었다. 바로 맬컴의 아버지 얼이 백인들에게 대항해서 흑인들의 자유를 위해서 싸우고 있었기 때문이다.

얼은 흑인들의 인권 향상 운동을 위해 조직된 '전국 흑인 지위 향상 협회(Universal Negro Improvement Association)'의 미시간 주 책임을 맡고 있었다. 이 조직을 만든 사람은 마커스 가비라는 목사였다.

얼은 흑인들이 많이 사는 미국 남부의 조지아 주 태생으로, 어려서부터 흑인들이 백인들에게 업신여김을 받거나 학대를 받는 것을 목격하면서 자랐다. 자신의 형제들이 백인들에게 죽임을 당하는 것도 보았다. 그래서 자연스럽게 백인들에 대한 적개심을 품었다.

집의 기둥이 불길에 쓰러질 즈음, 얼이 맬컴의 뺨을 쓰다듬으며 말했다.

"맬컴, 지금 이 순간을 분명히 기억하거라. 백인이 우리에게 어떤 짓을 했는가를. 너도 크면 흑인의 자유를 위해서 싸워야 한다. 우린 백인의 노예가 아니란다. 우린 고향을 가지고 있는 신성한 하나님의 백성이야. 그 점을 잊어서는 안 된단다."

# 갑작스런 아버지의 죽음

    화재 사건이 일어나고 며칠 후 경찰서에서 백인 경찰 두 사람이 얼을 찾아왔다. 화재로 보금자리를 잃은 맬컴의 가족은 아는 사람의 집을 빌려서 임시로 거처하고 있었다. 맬컴의 가족은 경찰이 화재 원인을 조사하기 위해서 찾아온 것이라고 생각했다. 하지만 경찰은 다짜고짜 위압적인 목소리로 얼을 협박했다.

    "이봐, 얼! 지난번에 화재가 났을 때 당신이 사용했던 권총 말이야. 그거 허가받은 거야?"

    얼은 백인 인종 차별주의자들로부터 너무나 많은 괴롭힘을 받았기 때문에 그들에게 맞서기 위해 허가를 받지 않은 채 총기를 소유하고 있었다.

"허가를 받은 사람만이 총기를 소유하고 사용할 수 있다는 것쯤은 당신도 알고 있겠지?"

경찰의 말을 들은 얼의 얼굴이 노여움으로 일그러졌다. 그것은 불난 집에 부채질을 하는 격이었다.

"아니, 그럼 그런 상황에서 가만히 당해야 한단 말이오? 그렇게 위협적인 상황이 언제 찾아올지 모르는데, 권총을 사용하지 말아야 하오? 화재를 당해 집과 재산을 다 잃은 사람한테 그게 할 소리요? 그리고 만약 내가 총기 사용 신청을 했더라도 당신들이 허가했을 것 같소? 흑인이라고 허가도 안 해 줬을 거요."

"아무튼 허가 없이 총기를 사용한 건 잘못이야. 그 총기를 반납하시오."

"총은 잃어버렸소. 불이 난 와중에 정신이 없어서 그만…… 어딘가에 떨어뜨렸단 말이오."

"그게 사실이오?"

"물론이오. 이곳을 뒤져 보면 알 것 아니오?"

경찰은 집 안 곳곳을 뒤져 보았지만 권총은 발견되지 않았다. 그들은 고개를 갸웃거리며 물러갔다. 집 문을 나서면서 그들은 한마디를 툭 내뱉었다.

"아무튼 얼, 앞으로 조심하시오. 사람들한테 얼마나 인심을 잃었으면 집에 불이 났겠느냔 말이야."

"뭐요? 그게 할 소리요?"

얼과 루이즈는 경찰의 뒷모습을 보며 치밀어 오르는 울화를 삼켰다.

얼은 자식들 모두를 아꼈지만 그중에서 넷째인 맬컴을 가장 좋아했다. 맬컴이 영특한 데다 수려한 용모를 가지고 있었기 때문이었다. 얼은 맬컴에게 자주 흑인의 현실을 들려주곤 했다. 어느 날 저녁을 먹고는 맬컴을 불러 이렇게 말하기도 했다.

"맬컴, 이곳 미국은 흑인들의 고향이 아니야. 우리의 고향은 아프리카란다. 백인들은 아프리카의 흑인, 말하자면 우리의 선조를 자신들의 노예로 부리기 위해 억지로 미국 땅으로 끌고 온 거야. 우리는 이곳에서 노예의 후손으로서밖에 살 수 없어. 우리는 우리의 고향 아프리카로 돌아가야 해."

하지만 나이가 어렸던 맬컴은 아버지의 말을 완전히 이해할 수가 없었다. 아프리카가 자신의 고향이라는 말을 믿을 수가 없었다. 당시 맬컴에게 아프리카는 야만인, 식인종, 무더운 밀림만이 떠오르는 곳이었다. 당시 이웃에 사는 흑인들은 백인들과 잘 어울리면서 별다른 어려움 없이 지내고 있었다. 흑인들은 백인들에게 저항할 생각을 하지 않고 순종하고 있었다. 맬컴은 그런 모습을 지켜보면서 흑인이 백인에게 순종하는 것이 자연스러운 일이라고 생각했다. 백인들이 흑인들을 노예로 삼기 위해 강제로 끌고 왔다는 말이 믿어지지 않았다.

"아버지, 우리 흑인들이 정말 백인들의 노예였단 말이에요?"

"물론이지. 그들은 결코 자신들과 똑같이 우리를 대하지 않는단다. 그들은 겉으로는 친절하고 선량한 척하지만 결코 흑인들을 위해 자신들의 권리를 양보하지 않아."

"하지만 어떻게 아프리카로 이 많은 흑인들이 돌아갈 수 있단 말이에요?"

"모세가 수많은 이스라엘 민족을 이끌고 애굽을 탈출했듯이, 우리 하나님이 역사하시면 안 될 일이 없어."

"네, 하나님은 우리 편이군요."

무언가 그럴듯한 대답을 기다렸던 맬컴은 아버지가 하나님 이야기를 하는 것을 듣자 조금 실망스런 기분이 들었다. 맬컴은 아버지를 따라 교회에 열심히 다녔지만 하나님이 계신지는 알 수 없었다. 아버지가 가장 존경하는 인물은 마커스 가비 목사님이었다. 맬컴은 그 목사님을 한 번도 본 적이 없었지만 아버지로부터 자주 얘기를 들어 그가 어떤 사람인지 잘 알았다. 그는 흑인들의 삶을 향상시키기 위한 흑인 해방 운동을 전개하는 사람이었다. 그의 주장은 흑인들이 아프리카로 돌아가야 한다는 것이었다. 아프리카가 고향인 흑인들은 미국에 노예로 끌려와서 온갖 멸시와 차별을 받고 있으므로 이제는 그런 굴욕적인 삶을 떨쳐 버리고 아프리카로 돌아가서 독립적으로 살아야 한다는 것이었다. 아버지는 마커스 가비 목사님의 가르침으로부터 많은 영향을 받았다.

얼이 목사이긴 했지만 당시 맬컴 가족의 형편은 매우 어려웠다. 얼은 한 교회에서 자리가 보장되어 있는 목사가 아니라, 일정 기간마다 여러 교회를 돌아다녀야 하는 순회 목사였다. 그래서 수입이 많지 않았다. 열 식구가 살기에는 언제나 빠듯했다. 얼과 루이즈 부부는 맬컴을 낳고 그 밑으로 레지널드, 이본느, 웨슬레이, 로버트 등 네 명의 아이를 더 낳았다.

맬컴의 어머니 루이즈는 몹시 부지런한 사람이었다. 맬컴의 눈에, 어머니는 한시도 몸을 가만히 두지 않았다. 늘 얼마 되지 않는 재료를 가지고 음식을 만들었고 엄청난 양의 빨래를 했으며, 집 안 청소를 도맡아 하면서도 여덟 명의 아이들을 정성껏 돌보았다. 루이즈가 그렇게 부지런하지 않았다면 맬컴의 가정 형편은 더욱 나빠졌을지도 모른다.


화재 사건이 일어난 지도 두 해가 지났다. 맬컴은 한창 뛰어놀기 좋아하는 여섯 살이 되었다. 맬컴은 다섯 살에 초등학교에 들어갔는데, 나이 차이가 많이 나지 않는 윌프레드 형, 힐다 누나, 필버트 형이 모두 같은 학교에 다니고 있었다. 학교에서 맬컴의 형제들은 백인 친구들과 잘 어울렸다. 아이들끼리는 흑인과 백인의 구분이 거의 없었다.

한번은 맬컴의 형제가 백인 친구와 소꿉장난을 하고 있었는데, 백인 친구의 어머니가 달려와서는 아이를 안고 집으로 들어가 버리는 것이었다. 맬컴은 잘 놀고 있는 친구를 데리고 가는 친구 엄마의 행동을 이해할 수가 없었다. 그래서 친구 엄마에게 따지듯이 물었다.

"우린 사이좋게 잘 놀고 있는데, 그 애를 왜 데리고 가는 거죠?"

"깜둥이 주제에 분수를 알아야지. 이 아이는 너희와 다르단 말이야!"

"그 애와 우리가 어떻게 다른데요?"

"아직도 그걸 모르고 있다니. 너흰 노예의 자손이란 말이야."

맬컴은 아주머니의 말을 듣고 비로소 평소에 아버지가 해 주던 말을 이해할 수가 있었다. 맬컴은 그런 일들을 하나하나 겪으면서 흑인과 백인이 다른 대접을 받고 있다는 것을 깨달았다.


1931년 9월 28일, 볼일이 있어 낮에 집을 나간 맬컴의 아버지 얼은 밤이 이슥하도록 집에 돌아오지 않고 있었다. 루이즈는 남편이 좋아하는 토끼고기 요리를 해 놓고 그가 어서 집에 돌아오기만을 기다렸다. 루이즈는 안 좋은 예감이라도 들었는지 한시도 가만히 앉아 있지 못하고 집 안을 계속 돌아다녔다. 한숨을 자주 내쉬었고 어떤 때는 온몸을 부르르 떨기도 했다.

루이즈의 예감이 맞았던 것일까. 아버지를 기다리다가 지쳐 깊은 잠에 빠져들었던 맬컴은 새벽녘 사람들의 다급한 외침 소리와 문을 두드리는 소리, 그리고 어머니 루이즈의 비명 소리를 듣고 잠에서 깨었다. 무언가 큰일이 일어났다는 느낌이 들었다.

잠에서 깨어 보니 어머니는 정신 나간 사람처럼 울부짖으며 아버지의 이름을 부르고 있었다.

"뭐라고요? 우리 남편이 어떻게 되었다고요?"

집에 들이닥친 사람들은 세 명의 경찰관이었다. 그들은 몸부림치는 루이즈를 붙잡으며 시큰둥하게 말했다.

"댁의 남편이 오늘 오후 사고로 죽었습니다."

맬컴은 경찰관이 하는 소리를 처음에는 제대로 알아들을 수가 없었다. 그토록 열정적이고 씩씩하고 상냥하던 아버지가 죽다니……. 맬컴이 자신의 귀를 의심하고 있을 때 루이즈가 그 자리에서 철퍼덕하고 쓰러졌다. 맬컴의 어머니 루이즈는 거의 정신을 잃은 상태에서 손을 앞으로 휘저으며 헛소리를 하기 시작했다.

"안 돼, 여보! 안 돼, 여보. 여보, 지금 당신 어디에 있는 거야!"

루이즈는 옆에 서 있는 경찰관들의 바짓가랑이를 붙잡고 늘어졌다. 얼마나 충격과 슬픔이 컸을까. 그녀는 마구 울부짖으며 소리쳤다.

"내 남편 살려 내! 내 남편 살려 내란 말이야!"

그러자 경찰관들이 거칠게 루이즈를 떼냈다.

"정신 차려요. 당신 남편은 이미 죽었어요!"

그러자 루이즈는 눈을 커다랗게 뜨고는 백인 경찰관에게 대들었다.

"네놈들이 죽였지? 네놈들 백인들이 내 남편을 죽였지? 그렇지!"

"그게 무슨 소리예요. 당신 남편은 열차 사고로 죽었단 말이에요."

루이즈는 경찰관의 어깨를 잡고 있던 팔의 힘을 풀며 힘없이 자리에 주저앉았다. 그 장면을 지켜본 맬컴 역시 가슴이 무너지는 것만 같았다. 옆에 서 있던 필버트 형이 맬컴의 손을 꼭 쥐었다. 힐다 누나는 어머니에게 달려가 안기며 흐느끼면서 이렇게 말했다.

"아버지는 천국에 갔을 거예요, 엄마."


루이즈는 경찰관을 따라 얼의 시신이 안치된 병원으로 갔다. 형 윌프레드가 어머니를 따라갔다. 얼의 시신은 차마 눈 뜨고 보기 힘들 만큼 처참한 몰골이었다. 얼굴 반쪽은 거의 깨져 있었고 몸도 무언가에 짓이겨진 채 핏빛으로 흐물거리고 있었다. 루이즈는 얼의 시신을 차마 똑바로 보지 못하고 속으로 울음을 삼켰다. 윌프레드 역시 아버지의 시신을 제대로 바라볼 수 없었다. 윌프레드는 속으로 자기가 오기를 잘했다고 생각했다. 동생들이 아버지의 시신을 봤다면 얼마나 놀랐을까.

사흘 후 얼의 장례는 조촐하게 치러졌다. 주로 흑인들이 조문을 하러 왔고 백인 경찰관 몇 명이 둘러서서 남의 일인 양 무심하게 장례식을 구경했다. 그때 장례식장에 온 사람들이 두세 명씩 모여 수군대는 소리가 맬컴의 귀에 들려왔다.

"백인 녀석 여러 명이 얼을 피투성이가 될 때까지 때렸대. 그러고는 철로에 눕혀 놓았다는 거야."

"그게 정말이야? 철로에 눕혀졌을 때만 해도 얼이 살아 있었다는 거야? 어떻게 살아 있는 사람을 철로에 눕혀 놓을 생각을 했을까?"

"백인 녀석들에겐 얼이 눈엣가시 같은 존재였지. 사람들을 불러 모아서 백인들을 타도하고 아프리카로 돌아가자고 매일 설교를 하는 얼이 죽이고 싶도록 미웠겠지."

맬컴은 그제야 아버지가 왜 돌아가셨는지를 확실히 알 수 있었다. 경찰관이 말한 열차 사고는 사실은 백인들이 저지른 살인 사건을 감추기 위해서 지어 낸 말일 뿐이었다. 뜨거운 눈물이 맬컴의 두 볼을 타고 흘러내렸다.

하지만 당시 미국에서 흑인들이 받고 있는 학대와 차별을 이해하기에는 맬컴의 나이가 너무나 어렸다. 맬컴은 시간이 지나자 금방 아버지의 참혹한 죽음을 잊어버렸다. 무엇보다 맬컴의 가족에게 시급한 것은 먹고사는 문제였다. 당시 맬컴의 어머니는 서른두 살이었고, 그녀에게는 아직 어린 여덟 명의 아이들이 남겨져 있었다.

# 궁핍하고 고통스러운 생활

    백인들의 야만적인 폭력으로 집안의 가장을 잃은 맬컴 가족의 슬픔은 이루 말할 수 없었다. 맬컴은 밤늦게 어머니 루이즈가 아버지의 사진을 바라다보며 흐느끼는 소리를 들었다.

    "무심한 양반 같으니. 이렇게 아이들과 나를 두고 하늘나라로 먼저 가 버리면 어쩌란 말이오. 이제 나는 어떻게 살면 좋아요."

    맬컴은 어머니의 흐느끼는 소리를 들으면서 오랫동안 잠을 이루지 못했다.

    '우리 가족은 앞으로 어떻게 될까?'

    맬컴은 어린 나이임에도 불구하고 근심이 많았다.

    얼이 어처구니없이 죽고 나자, 그러잖아도 어렵던 집안 형편이 말이 아니게 나빠졌다. 얼이 남긴 유산은 그가 생전에 만일의 사태에 대비해야 한다면서 가입해 놓았던 보험 증서뿐이었다. 하지만 보험금 액수는 맬컴 가족이 생활하기에는 턱없이 부족했다. 어린 동생들은 우유를 먹지 못해 빼빼 말라 갔고 필버트 형과 힐다 누나는 걸핏하면 감기에 걸렸다. 윌프레드 형만이 의젓하게 배고픔을 견디고 있었다. 어린 맬컴은 먹을 것이 없다는 것을 뻔히 알면서도 어머니를 졸라 댔다.

"엄마, 나 배고파 죽겠어. 먹을 것 좀 줘요. 배고파요, 엄마."

그러면 어머니 루이즈는 옥수수 가루를 반죽해서 커다란 빵을 만들어 주었지만, 그것으로 갓난아기까지 포함해 여덟 아이들을 배불리 먹일 수는 없었다.

루이즈는 닥치는 대로 일을 하기 시작했다. 그녀는 타고난 부지런함과 빼어난 살림 솜씨로 어렵지 않게 가정부 일자리를 얻을 수 있었다. 사실 그녀는 흑인치고는 매우 하얀 피부와 백인에 가까운 이목구비를 가지고 있었다. 얼핏 백인으로 보는 사람들도 있었다. 루이즈의 아버지는 백인이었다. 그녀의 아버지가 흑인인 어머니를 겁탈해 임신을 시켜 루이즈를 낳았던 것이다. 그래서인지 루이즈는 백인 아버지를 몹시 증오했고, 자신의 피부색이 다른 흑인에 비해 옅은 것을 부끄럽게 여겼다.

루이즈는 가정부나 식당 종업원 등으로 열심히 일했지만, 자신의 몸에 흑인의 피가 흐르고 있다는 사실이 알려지게 되면 어김없이 주인으로부터 쫓겨났다. 억울한 일이었지만 어쩔 수 없었다.

맬컴의 형제들도 나섰다. 언제나 의젓했던 첫째 윌프레드는, 나이답지 않게 어려움에 처한 그때의 상황에서 자신이 가족을 위해 무엇을 해야 할지를 잘 알고 있었다. 윌프레드는 아무도 몰래 학교를 그만두고 시내로 나가 일거리를 구하기 위해 이리저리 뛰어다녔다. 구두닦이, 제과점 점원 등 닥치는 대로 일을 했다. 윌프레드가 학교를 그만둔 것을 루이즈가 알게 된 것은 학교 선생님이 집을 방문했을 때였다.

윌프레드의 담임 선생님은 어느 날 오후, 아무런 예고도 없이 맬컴의 집을 방문했다. 윌프레드가 며칠째 학교에 나오지 않고 있었기 때문이었다.

맬컴의 집에 들어선 선생님은 집 내부를 둘러보더니 쯧쯧, 하고 혀부터 찼다.

"선생님, 이렇게 누추한 집에 오시다니……. 이쪽으로 앉으세요."

루이즈는 선생님에게 상냥하게 인사를 하고 서둘러서 홍차를 내놓았다. 하지만 백인 선생님은 홍차에 손도 대지 않았다.

"이봐요, 윌프레드는 어디에 있죠?"

"무슨 말씀이신지……. 아침에 학교에 간다고 나갔으니 학교에 있겠죠."

"이것 참 큰일이군. 아이가 지금 일주일째 학교에 나오지 않고 있는데도 어머니라는 사람이 모르고 있으니."

"네? 그게 무슨 말이에요? 매일 아침 학교에 간다고 가방을 들고 나갔는데요."

"그길로 다른 데로 샜나 보군요. 애가 하루 종일 밖에서 무얼 하고 돌아다니는지 그것도 모르고 있었군요."

그때 마침 윌프레드가 집에 들어섰다. 윌프레드는 문을 열면서 천연덕스럽게 "학교 다녀왔습니다."라고 인사를 했지만, 곧 담임 선생님이 거실 의자에 앉아 있는 것을 보고는 얼굴이 발개지고 말았다.

"윌프레드! 너 지금 어디에서 오는 거니?"

루이즈는 윌프레드에게 달려가 그의 등을 손바닥으로 몇 번 내리쳤다.

"어머니, 잘못했어요. 저라도 돈을 벌어야 할 것 같아서 시내에 있는 존슨 씨네 양복집에서 심부름을 해 줬어요."

루이즈는 윌프레드를 꼭 껴안고 울음을 터뜨렸다. 담임 선생님은 그사이 자리에서 일어나서 집 밖으로 나갔다.

집안 형편이 갈수록 나빠지자 루이즈는 자식들을 먹여 살리기 위해 외상으로 물건을 사들이기 시작했다. 나중에 갚기로 하고 가게에서 필요한 생필품이나 식료품을 가져왔던 것이다. 당장 배고

폼에서 벗어날 수는 있었지만 빚은 금세 눈덩이처럼 불어났다. 이제는 집안 식구 모두가 밥벌이에 나서야 할 처지가 되었다.

당시 미국 정부에서는 극빈자들을 위해 복지국을 운영하고 있었다. 복지국의 직원들은 극빈자 가정을 방문해 형편을 살펴보고 급식을 나눠 주었다. 그런데 맬컴 식구들은 복지국 사람들의 방문을 무척이나 싫어했다. 복지국 사람들은 겉으로는 맬컴 가족의 처지를 동정하고 불쌍히 여기는 척했지만 그것을 빌미로 맬컴 가족의 일을 사사건건 참견했다. 루이즈는 자존심이 강한 여자여서 다른 사람으로부터 동정받는 것을 싫어했다. 백인들로 이루어진 복지국 사람들에게서 그 무엇도 받으려 하지 않았다. 복지국 사람들이 방문하면 문도 열어 주지 않고 소리쳤다.

"집에 불을 지르고 남편을 죽일 때는 언제고, 이제 와서 우리를 동정하는 척하면서 급식을 주려고 하는 이유가 뭐죠? 나 혼자서도 충분히 아이들 키울 능력이 있으니 앞으로 우리 집에 얼씬도 하지 말아요. 우리 생활에 끼어들지 말아요."

복지국 사람들은 그런 루이즈에게 비아냥거리듯이 말했다.

"나중에 도와 달라고 손이나 벌리지 마세요!"

더 이상 싸우지 않을 정도로 철이 든 맬컴과 형 필버트는 아버지 얼이 유품으로 남긴 22구경 소총을 들고 나가 토끼 사냥을 하여 잡은 토끼를 백인들에게 팔았다. 그 총은 얼이 베개 속에 감춰 두었던

바로 그 총이었다.

필버트와 맬컴은 가끔 어린 동생 레지널드를 데리고 다니기도 했다. 레지널드는 비록 몸이 빼빼 마르고 약한 편이었지만 두 형을 따라서 돌아다니는 것을 좋아했다. 맬컴 형제는 풀숲에서 뛰어놀다가 개구리가 숨어 있는 것을 보면 그것을 잡아서 백인에게 팔기도 했다. 맬컴의 눈에 백인들은 정말이지 못 먹는 것이 없는 인종 같았다.

맬컴의 가족은 그런 식으로 자신들만의 힘으로 가난과 역경을 헤쳐 나가고 있었다. 맬컴의 가족은 무료로 식량을 나누어 주는 배급소에서 식량을 타 먹지 않는 것을 자랑스럽게 생각했다. 누구에게 신세를 지지 않고 혼자 힘으로 살아간다는 것은 퍽 기분 좋은 일이었다. 하지만 그런 생활은 몇 달 가지 못했다. 토끼나 개구리도 잡히지 않고 루이즈가 여러 날 일거리를 구하지 못하는 날이 계속되자 결국 복지국의 배급소에 신세를 지지 않을 수 없게 되었다. 배급소에 음식을 타러 가자 백인들이 자기들끼리 뭐라고 소곤거렸다.

"쳇, 언제는 안 받겠다고 하더니 이제 자존심도 다 버렸나 보군."

공짜로 음식을 얻어 와서 배를 채울 수는 있었지만 맬컴의 가족은 기분이 좋지 않았다. 비록 가장은 없었지만, 그들은 어떤 가족보다도 자존심이 강했다. 구호 배급소에서 받은 식량 포대에는 '판매 금지'라는 붉은 도장이 찍혀 있었다. 식량을 다른 사람에게 돈을 받고 파는 행위를 금지하기 위한 조치였다. 맬컴은 '판매 금지'라는 도장이 찍힌 식량 포대가 그렇게 부끄러울 수가 없었다. 가끔 친구가 집에 놀러 오기라도 하면 맬컴은 그 식량 포대부터 안 보이는 곳에 감추었다.

맬컴 가족이 구호소에서 식량을 타다 먹자 복지국 사람들은 눈에 띄게 무례하고 오만하게 행동했다. 그들은 자신들이 하는 일이 나라에서 정한 법대로 가난하고 불우한 가정을 돕는 것이라는 생각을 잊어버리고, 마치 대단한 권세를 가진 사람처럼, 혹은 자선을 베푸는 사람처럼 거만하게 굴었다.

맬컴은 어머니에게 이것저것 캐묻고 있는 복지국 사람들의 모습을 볼 수 있었다. 복지국 사람들이 맬컴의 가족을 둘러보는 눈초리는 인간이 아닌 마치 무슨 물건을 바라보는 것처럼 싸늘했다. 그들은 맬컴의 가족을 자신들의 재산처럼 소유하려 했다. 맬컴 가족의 운명이 자신들의 손에 달려 있다고 믿는 것 같았다. 루이즈는 자존심이 몹시 상했지만 그들을 쫓아낼 수가 없었다. 무엇보다 어린 자식들을 굶길 수가 없었기 때문이었다.

어머니가 정부에서 나오는 고기나 감자, 혹은 과일과 통조림을 받는 것을 왜 그렇게 싫어하는지, 어린 맬컴은 이해할 수 없었다. 공짜로 먹을 것을 가져다주는 고마운 사람들 아닌가. 하지만 나중에야 맬컴도 깨달을 수 있었다. 그들은 흑인들을 도와주고 동정하는 척하면서 사실은 자신들이 얼마나 훌륭한 일을 하는지 드러내고 싶어 하는 사람들이었다는 것을 말이다. 그때 맬컴의 가족들이 가지고 있는 것은 자존심 하나뿐이었다. 그건 죽는 순간까지도 백인들에게 맞서 싸운 아버지 얼로부터 물려받은 정신이었다.

맬컴이 아홉 살이 되던 1934년은 미국 경제가 무척 어려울 때였다. 세계적으로 극심한 경제 공황이 닥쳐서 곳곳에서 굶어 죽거나 추위에 얼어 죽는 사람들이 많았다. 맬컴의 가족도 근근이 버티고 있었다. 가끔씩 친척과 이웃 사람들이 음식을 가져다주지 않았다면 맬컴 가족은 모두 굶어 죽고 말았을 것이다. 맬컴 가족을 도운 사람들은 모두가 흑인들이었다. 맬컴은 그런 모습을 보면서 큰 감명을 받았다.

'흑인들은 정말 정이 많고 백인 못지않게 우수한 인종이구나. 흑인들도 이렇게 힘을 합치면 무엇이든 못할 게 없겠구나.'

복지국 사람들은 꾸준히 맬컴의 집을 드나들며 맬컴의 가족을 감시하고 들볶았다. 루이즈도 지쳐서 그들이 하는 대로 그냥 내버려 두었다. 그 무렵부터 루이즈는 정신이 이상해지기 시작했다. 자꾸 헛소리를 하고 불안에 벌벌 떨었다. 정신병 증세였다.

복지국 직원들은 여전히 자신들이 마치 맬컴 가족의 구원자라도 되는 것처럼 위세를 부렸다. 루이즈마저 정신병에 걸렸기 때문에 복지국 사람들은 이제 맬컴 가족의 운명을 자신들이 결정하려고 했다. 그 무렵 복지국에서는 맬컴의 형제들을 다른 가족에 입양 시키려는 계획을 세우고 있었다. 복지국 직원이 조심스럽게 그 계획을 말하자 루이즈는 미친 듯이 화를 내며 소리쳤다.

"안 돼. 내 아이들을 다른 사람한테 가게 할 수는 없어. 안 돼. 내 눈에 흙이 들어가기 전에는 어림도 없는 일이야."

"당신은 지금 정상이 아니에요. 집에 먹을 것도 없이 아이들을 잘 키울 수 있겠어요? 아이들의 장래를 위해서는 좋은 집에 입양시키는 게 훨씬 좋아요."

복지국 사람들은 루이즈에게 아이들을 잘 키우기 위해서는 모두 고아원이나 위탁 시설에 맡겨서 교육을 시켜야 한다고 말했다. 그것은 루이즈로서는 도저히 받아들일 수 없는 것이었다. 사랑스러운 아이들을 다른 곳으로 보내야 한다니. 하지만 복지국 사람들은 끈질겼다. 그들은 말로는 아이들의 장래를 위한다고 말했지만, 사실은 아이들이 나쁜 환경에서 자라서 범죄자가 될 경우 자신들이 피해를 입을까 봐 두려워했다.

"어머니로서 참 뻔뻔하군요. 일단 아이들을 더 나은 환경에서 자랄 수 있도록 하는 게 어머니의 도리 아닌가요?"

루이즈는 울먹이는 소리로 이렇게 항변했다.

"도리라고요? 이 아이들의 엄마인 나와 아이들을 떼어 놓으려는 게 도리인가요? 이 애들의 엄마로서 애들을 지키는 게 오히려 도리

아닌가요?"

결국 복지국 사람들의 끈질긴 회유와 법원의 결정으로 아이들을 직접 키우려고 했던 루이즈의 뜻은 꺾이고 말았다. 맬컴의 형제들은 뿔뿔이 흩어지게 되었다. 그중 가장 먼저 맬컴의 입양이 결정되었다. 맬컴은 '고해너'라는 사람의 집에 입양되었다. 맬컴은 물론 가족들과 헤어지기 싫었다. 하지만 법원에서 결정한 이상 어쩔 수 없는 일이었다. 맬컴은 사랑하는 어머니와, 피를 나눈 형제들인 윌프레드, 힐다, 필버트, 레지널드, 이본느, 웨슬레이, 로버트와 떨어져서 낯선 집에서의 생활을 시작했다.

# 일그러진 권투 선수의 꿈

 

맬컴을 입양한 고해너 씨 부부는 다행히 마음씨가 좋고 친절한 사람들이었다. 맬컴은 고해너 씨의 배려로 한 달에 두세 번씩 형과 누나와 동생을 보러 집에 갔다. 당시 맬컴의 둘째 형 필버트는 권투에 뛰어난 재능을 보이고 있었다. 그날도 마을 강당에서 필버트의 권투 시합이 열렸고, 맬컴은 학교를 마치자마자 형의 시합을 구경하기 위해 경기장으로 달려갔다. 벌써 시합은 시작되고 있었다.

"그래, 좋아, 형! 라이트 훅! 그래그래, 필버트 형! 잘한다."

맬컴은 링 사이드로 다가가 필버트 형을 목이 터져라 응원했다. 형은 예선전을 모두 이기고 결선에 올라서 훨씬 강력한 상대와 맞서고 있었다. 맬컴은 필버트 형이 예선을 통과한 것 자체가 무척이나 자랑스러웠는데, 오늘 경기도 여간 잘하고 있는 게 아니었다. 상대 선수는 필버트 형의 주먹 앞에서 쩔쩔매고 있었다.

필버트가 2회전을 마치고 자리로 돌아왔을 때 맬컴이 링 사이드에서 말했다.

"형, 오늘따라 더 잘하는데, 왜 그래? 왜 그렇게 상대를 쉴 틈도 주지 않고 몰아붙이는 거야?"

그러자 필버트 형이 마우스피스를 문 입으로 우물거리면서 말했다.

"예선에서는 모두 흑인과 싸웠지만 지금 싸우는 상대는 백인이잖아. 죽기 살기로 싸워야지."

그 말을 듣고 맬컴은 고개를 끄덕였다. 필버트 형은 백인 상대를 맞아, 예선을 치를 때보다도 더 단단히 마음을 먹고 경기에 임하고 있었던 것이다. 아버지를 죽음으로 몰고 간 백인에게 진다는 것은 있을 수 없는 일이었다. 그래서 필버트 형은 젖 먹던 힘까지 기울여 싸우고 있었다.

결국 필버트 형은 상대 선수를 3회에 바닥에 눕혔다. 강력한 스트레이트에 이어 레프트 훅을 상대의 턱에 명중시켰던 것이다.

"와! 상대가 쓰러졌다."

"그래, 필버트가 이겼어!"

주심은 카운트를 세기 시작했다. 하지만 상대는 일어날 생각이 없는 듯 계속 바닥에서 뒹굴고 있었다.

"카운트 텐, 아웃!"

마침내 주심이 카운트를 끝내고 필버트 형의 KO 승을 선언했다.

"와, 이겼다!"

맬컴은 윌프레드 형과 함께 소리를 지르며, 링 위로 뛰어 올라갔다. 심판은 필버트 형의 손을 올려서 형이 승리했음을 정식으로 인정했다. 많은 흑인들이 열광적인 박수를 보내고 있었다. 그런데 링 주변에서 우우, 하는 야유 소리가 들렸다. 맬컴이 소리 나는 쪽을 보니 야유를 보내고 있는 사람들은 모두 백인들이었다. 흑인들은 자기 일처럼 기뻐하며 여전히 열광적인 박수를 보내고 있었다.

당시 흑인이 백인에게 정면으로 맞서서 힘을 겨룰 수 있는 것은 오로지 권투 같은 스포츠뿐이었다. 권투 말고는 흑인들에게 백인들과 실력을 겨룰 공정한 기회가 주어지지 않았다. 야구처럼 인기 있는 스포츠에도 흑인은 참여할 수 없었다. 직장에서도 흑인들은 실력과 관계없이 차별을 받았고 군대에서도 진급할 기회가 주어지지 않았다. 흑백 차별은 어딜 가나 마찬가지였다. 그래서 많은 흑인들이 권투를 하고 싶어 했다. 백인을 때려눕히고 챔피언이 되고 싶어 했다. 맬컴의 형 필버트도 그런 생각으로 권투를 시작한 것이었다.

흑인들에게 권투가 성공할 수 있는 수단이라는 생각을 심어 준 결정적인 계기는 조 루이스라는 흑인 권투 선수의 출현이었다. 조 루이스는 정말 대단한 권투 선수였다.

1937년 6월 27일, 맬컴은 형 필버트와 함께 조 루이스의 경기를 지켜보고 있었다. 당시 '갈색 폭격기'라는 별명을 얻은 조 루이스는 흑인들의 열광적인 인기를 등에 업고 백인 선수들을 숱하게 쓰러뜨리며 미국 전체 흑인들의 우상으로 떠오르고 있었다. 그날 상대는 제임스 브래독이라는 만만치 않은 실력을 가진 백인 선수였다. 제임스 브래독만 이기면 조 루이스는 흑인 최초로 세계 챔피언에 오를 수 있었다.

맬컴과 필버트는 두 손을 꼭 쥔 채 흑백텔레비전을 보며 조 루이스를 응원했다.

"그래, 루이스! 어퍼컷! 좋아! 계속 밀어붙여!"

결국 그 경기에서 조 루이스는 브래독을 링 바닥에 눕히고 세계 챔피언이 되었다. 그 사건은 미국의 흑인, 아니 전 세계 흑인들에게 크나큰 기쁨을 안겨 주었다. 비록 권투라는 스포츠였지만, 흑인이 백인을 바닥에 때려눕혔다는 사실 앞에서 흑인들은 무척이나 통쾌해했다.

"형, 루이스가 이겼어. 흑인 세계 챔피언이 탄생했다고!"

"그래, 정말 멋지다. 조 루이스 최고야!"

"필버트 형, 나 형한테 부탁이 있어. 형도 꼭 조 루이스 같은 세계 챔피언이 되어 줘. 부탁이야. 알았지?"

"하하. 그래, 알았어. 알았다고."

사실 맬컴은 필버트 형이 권투를 하면서 많은 사람들로부터 인기를 얻는 것이 무척이나 부러웠다. 동생 레지널드조차 자기보다 필버트 형을 더 따르는 것을 보고는 시샘이 나기까지 했다. 그래서 맬컴은 자신도 권투 선수가 되어야겠다는 생각을 했다. 백인 선수를 시원하게 때려눕혀 많은 사람들의 영웅이 되고 싶었다.

당시 열세 살이었던 맬컴은 별다른 연습도 하지 않고 무턱대고 아마추어 권투 경기에 참가 신청을 했다. 열여섯 살부터 출전 자격이 주어지는데, 몸집이 컸던 맬컴은 열여섯 살이라고 나이를 속였다. 맬컴의 몸무게는 59킬로그램이었다. 맬컴은 경기 주최 측으로부터 권투 시합에 참가해도 좋다는 통보를 받았다. 맬컴은 필버트 형이 권투를 잘하니, 같은 핏줄인 자신도 권투에 소질이 있을 거라고 생각했다.

맬컴이 처음 상대한 선수는 맬컴처럼 권투 시합에 처음 출전한 빌 피터슨이라는 백인 소년이었다. 원하는 대로 백인과 상대를 하게 되었던 것이다. 권투 시합 바로 전날 필버트 형이 말했다.

"백인한테 지는 것은 같은 흑인한테 지는 것보다 훨씬 부끄러운 일이야. 꼭 이겨야 해."

맬컴은 두 주먹을 불끈 쥐며 말했다.

"걱정 마. 나는 형의 동생이잖아. 나도 형처럼 잘할 수 있다고."

맬컴이 권투 시합을 하던 그날 맬컴의 형과 누나, 동생들, 그리고 맬컴을 알고 있는 마을 사람들이 시합을 구경하기 위해 경기장에 몰려왔다. 그들이 권투 경기장에 몰려온 것은 사실 맬컴 때문이라 기보다는 필버트 때문이었다. 이미 촉망받는 권투 선수로서 상당히 유명해진 필버트는 많은 팬을 확보하고 있었는데, 그들은 필버트의 동생인 맬컴이 과연 어떻게 경기를 할 것인지 궁금했던 것이다. 좌석에 가득 찬 사람들 사이를 지나 마침내 맬컴이 의기양양한 모습으로 링 위에 올랐다. 옆집 잭슨 아저씨의 목소리가 들렸다.

"맬컴, 필버트처럼 멋지게 승리하라고! 알겠지?"

맬컴은 두 팔을 힘차게 들어 올리는 것으로 승리하고 말겠다는 대답을 대신했다. 시합이 시작되기 직전 필버트 형이 맬컴 옆으로 다가와 말했다.

"어머니는 여기에 오시지는 못했지만, 나를 불러서 네가 백인 선수한테 지지 않았으면 좋겠다고 전해 달라고 하셨어. 꼭 이겨야 한다. 어머니의 소망을 생각해서라도 말이야."

당시 어머니 루이즈는 정신병이 심해져 병원을 오가고 있었다. 마침내 시합이 시작될 시간이 되어 주심이 맬컴과 백인 선수 빌 피터슨을 불렀다. 주심은 경기 규칙을 설명하면서 이렇게 말했다.

"너희 둘은 백인과 흑인이지만 규칙은 모두 똑같아. 링 위에서는 백인과 흑인의 구분이 없단다. 정정당당하게 싸우렴."

맬컴은 고개를 끄덕였다. 그 말은 자신을 응원하는 말처럼 들렸다. 하지만 경기는 맬컴의 참혹한 패배로 끝났다.

상대 선수 빌 피터슨은 맬컴이 정신을 차릴 수 없을 정도로 많은 펀치를 날렸고, 맬컴은 자신이 얼마나 바닥에 쓰러졌는지 모를 정도의 다운을 당해야 했다. 그 경기는 맬컴에게 크나큰 치욕을 안겼다. 흑인치고는 훤칠하고 수려한 용모에 머리까지 영특했던 맬컴은 친구와 이웃 사람들에게 인기가 많았는데, 그 경기 이후 아무도 맬컴에게 아는 체를 하지 않았다. 맬컴은 집 밖을 나다닐 수 없을 정도로 망신을 당했다. 어머니 역시 맬컴이 백인 소년에게 진 사실을 대놓고 기분 나빠 하셨다.

"필버트는 저렇게 잘하는데, 넌 왜 그 모양이니?"

맬컴은 풀이 죽은 목소리로 이렇게 대답했다.

"그날 사실 몸살 기운이 있어서 몸에 기운이 하나도 없었어요."

이것은 맬컴이 생각해 낸 핑곗거리였다.

어쩌다 맬컴이 마을에 얼굴을 내밀기라도 하면, 친구들이 백인한테 한 방에 떨어져 나간 애라며 놀려댔다. 그만큼 흑인들은 권투 시합에서 백인들에게 지는 것을 싫어했다. 맬컴은 자신이 당한 수모를 반드시 되갚겠다고 생각했다. 맬컴은 훈련을 시작했다. 필버트 형을 흉내 내어 샌드백을 치고 줄넘기를 했으며 운동장을 몇 바퀴씩 뛰며 하체를 튼튼하게 했다. 하체가 튼튼하면 아무리 센 주먹

을 맞아도 쓰러지지 않을 것이라고 생각했다. 맬컴은 첫 시합에서 자신을 무참하게 쓰러뜨렸던 빌 피터슨과 다시 경기를 갖고 싶었다. 맬컴이 자신과 다시 싸우고 싶어 한다는 이야기를 전해 들은 빌 피터슨은 한 번 이긴 적이 있는 맬컴이 만만했는지 맬컴의 제안에 동의했다. 두 번째 시합은 빌 피터슨의 고향인 조지아 주 앨마에서 열렸다. 두 번째 경기장에는 맬컴의 가족이나 이웃들이 가지 않았다. 맬컴은 그게 참 다행이라고 생각했다. 부담감을 갖지 않고 경기를 할 수 있으니 말이다.

마침내 두 번째 경기가 시작됐다. 그런데 빌 피터슨은 맬컴이 생각했던 것보다 훨씬 강해져 있었다. 맬컴은 1라운드가 시작되자마자 빌 피터슨의 강편치를 얼굴에 정통으로 맞고 바닥에 쓰러졌고 주심이 열을 셀 때까지 일어나지 못했다. 경기를 시작하고 30초도 지나지 않은 시간이었다. 맬컴이 1라운드에 케이오당했다는 소식은 맬컴의 학교와 마을에 금방 전해졌다. 사람들은 맬컴을 대놓고 무시하기 시작했다.

"어떻게 형과 그렇게 다를 수 있지?"

"너, 다시는 권투 하지 마. 흑인들 망신만 당해."

맬컴은 빌 피터슨과 가진 두 번째 시합에서 케이오 패를 당한 이후 다시는 권투를 하지 않았다. 권투가 자신의 길이 아니라고 생각했던 것이다.

# 사춘기의 반항과 상처

　시간은 흘러 맬컴은 어느덧 사춘기를 맞이했다. 원래부터 총명
하고 영특했던 맬컴은 사춘기를 맞으면서 성격이 예민해지고 날카
로워지기 시작했다. 권투 선수의 꿈이 실패로 돌아간 것도 그 이유
중 하나였다. 맬컴은 길에서 이웃 어른들을 만나도 인사를 하지 않
았고, 가끔 고해너 씨와 이웃 사람들에게 반항도 했다. 생활 태도는
갈수록 불량스러워졌다. 사소한 일 때문에 친구들과 다투는 일도
많아졌다. 어려운 가정 형편과 아버지가 없다는 소외감, 그리고 가
족과 떨어져 사는 동안 싹튼 외로움이 사춘기의 맬컴을 방황하게
만들었다.

　많은 사람들에게 사랑받는 개구쟁이였던 맬컴은, 이제 학교에서

도 문제를 일으키기 시작했다. 수업 시간에 선생님 말씀에 집중하지 않고 딴전을 피우기 일쑤였으며 심지어는 모자를 쓰고 수업을 듣기도 했다. 친구들을 자주 괴롭혔고, 선생님이 내주시는 숙제는 언제나 해 오지 않았다.

한번은 모자를 쓰고 교실에 들어왔는데 선생님이 맬컴을 불러내어 모자를 벗으라고 지시했다.

"맬컴! 교실에서 모자를 벗는 것은 기본적인 예의야. 모자 벗고 수업 들어."

"싫어요. 모자를 쓰는 건 제 자유예요. 모자를 쓰고 있다고 해서 수업에 방해되지 않잖아요."

그러자 백인 선생님은 크게 화를 내며 이렇게 소리쳤다.

"너, 모자 벗고 얌전히 자리에 앉아 수업을 들을 거니, 아니면 모자를 쓰고 내가 그만두라고 할 때까지 운동장을 뛸 거니?"

맬컴은 오래 생각하지도 않고 대답했다.

"모자를 쓰고 운동장을 달리겠어요."

맬컴은 뒤도 돌아보지 않고 운동장으로 뛰어나갔다.

"아니, 쟤가……."

맬컴의 행실은 더욱 나빠졌다. 학교에서도 말썽을 피워서 자주 교무실에 불려 갔다. 그러다가 결정적으로 맬컴이 학교에서 문제아로 낙인찍힌 사건이 일어났다.

맬컴에게 모자를 벗으라고 명령했던 선생님의 수업 시간이 다시 돌아왔다. 맬컴은 모자를 쓰지는 않았지만 선생님을 골려 줄 다른 계획을 세워 놓았다. 선생님이 자리에서 일어나 칠판에 무엇인가를 쓰고 있을 때 맬컴이 몰래 앞으로 나가 선생님의 의자에 압정을 올려놓았다. 아이들 중 그 어느 누구도 그런 사실을 선생님에게 알리지 않았다. 아이들은 다만, 곧 눈앞에서 벌어질 일을 상상하면서 즐거워하고 있었다. 마침내 선생님이 칠판에 글씨를 다 쓰고 자리에 앉았다. 그리고는 곧 개구리처럼 공중으로 솟구쳐 오르며 소리쳤다.

"아앗! 이게 뭐야! 누구야, 내 의자에 압정을 올려놓은 녀석이!"

선생님의 엉덩이에는 서너 개의 압정이 매달려 있었다. 몇몇 아이들이 쿡쿡 웃었다.

"누구야! 어떤 녀석이야! 당장 앞으로 나오지 못하겠어!"

아이들은 숨을 죽이며 맬컴 쪽을 보았다. 선생님도 처음부터 맬컴을 바라보았다. 이런 짓을 할 녀석은 맬컴밖에 없다고 생각한 모양이었다. 맬컴은 자리에서 일어났다.

"맬컴, 네 녀석일 줄 알았다. 당장 이리 오지 못해!"

하지만 맬컴은 앞으로 나가는 대신 빠르게 움직여 교실 문을 빠져나갔다. 선생님이 자신의 뒤통수에 대고 소리치는 걸 들으면서.

"맬컴! 거기 서지 못해! 내가 네 녀석을 가만둘 것 같아?"

맬컴은 학교를 벗어나서야 자신에게 큰일이 벌어질 것 같다는 두려움에 사로잡혔다. 하지만 학교로 다시 돌아갈 수는 없는 일이었다.

맬컴은 그 사건으로 정학 처분을 받았다. 저지른 일에 비해서는 엄중한 처벌이었다. 하지만 맬컴은 그 처벌이 조금도 두렵지 않았다. 차라리 학교를 그만두고 직장 생활을 하면서 돈을 버는 일이 자신에게나 가족들에게 훨씬 필요한 일이라고 생각했다.

학교는 그 사건을 법원의 판사에게도 알렸다. 며칠 후 법원의 판결이 나왔다. 법원은 맬컴을 임시 보호소에 보내기로 결정했다. 집에서도 맬컴을 교육하기가 힘들고 학교에서도 이미 손을 쓸 수 없을 정도로 말썽쟁이가 되었으므로 보호소에서 생활하면서 반성을 하라는 뜻이었다. 학교를 그만두고 집에 돌아가서 일을 하고 싶었던 맬컴은 법원의 결정에 크게 실망했다.

맬컴은 법원의 직원과 함께 임시 보호소로 향했다. 맬컴이 거처하게 될 임시 보호소는 랜싱에서 20킬로미터 떨어진 메이슨에 위치하고 있는 미시간 주립 보호소였다. 맬컴으로서는 태어나서 처음으로 고향을 떠나는 것이었다. 보호소로 가는 차 안에서 심술궂게 생긴 법원 직원이 맬컴에게 겁을 줬다.

"보호소는 너처럼 죄를 저지른 아이들이 모여서 처벌이 확정될 때까지 기다리는 곳이야. 그곳엔 거칠고 힘이 좋은 아이들밖에 없어. 거기선 너도 조심해야 할걸."

그 말 때문이었는지 맬컴은 임시 보호소로 향하는 차 안에서 두려움에 떨고 있었다.

'아, 한순간의 실수로 이제 죄인 취급을 받게 되는구나. 보호소에서 나는 잘 지낼 수 있을까?'

맬컴은 벌써부터 가족들 생각이 났다. 어머니 루이즈, 윌프레드 형, 힐다 누나, 그리고 귀엽고 예쁜 동생들.

임시 보호소에 도착한 맬컴은 보호소 건물이 자기가 생각했던 것보다 아늑하게 느껴져 다행스러웠다. 맬컴은 머릿속으로 감옥 같은 것을 상상했는데 메이슨의 임시 보호소는 마치 가정집 같은 분위기였다. 그곳을 운영하는 사람은 백인인 스왈린 씨 부부였다. 스왈린 씨 부부는 매우 상냥하고 마음씨 좋아 보였다.

"어서 와라, 맬컴. 여기가 앞으로 네가 지낼 집이란다. 마음 편하게 잘 지내거라."

스왈린 부인은 팔을 벌려 맬컴을 안으며 말했다. 맬컴은 스왈린 씨 부부가 마치 고향 마을에서 보았던 마음씨 좋은 옆집 아저씨, 아주머니 같다고 생각했다. 이들 부부는 반듯하게 생기고 총명한 눈빛을 가진 맬컴을 몹시 아끼고 예뻐했다. 맬컴은 이들 부부의 귀여움을 독차지하며 보호소 생활을 잘해 나갔다. 장난도 치지 않았고 반항도 하지 않았다. 맬컴은 시간이 나는 대로 먼지떨이로 집안 곳곳을 청소하고 걸레를 깨끗하게 빨아 마루를 닦았다. 마당의 잔디도 깎았다. 스왈린 씨 부부는 부지런한 맬컴을 더욱 예뻐했다.

하지만 스왈린 씨 부부도 가끔 실수를 할 때가 있었다. 보호소를 찾아온 법원의 직원들과 얘기를 나누다가 무심코 깜둥이라는 말을 내뱉었던 것이다.

"깜둥이 녀석들이 백인 아이들보다 말썽을 더 많이 피우는 편이죠."

맬컴은 스왈린 씨 부부의 입에서 깜둥이라는 말이 나오는 것을 보고는 그토록 친절하고 상냥한 스왈린 씨 부부의 마음속에도 뿌리 깊은 인종 차별 의식이 존재하고 있다는 것을 깨달았다.

'백인들은 흑인과 함께 생활하면서 가족처럼 친하게 지내도 자신들이 흑인보다 우월하다는 생각을 버리지 못하는구나.'

맬컴이 보호소에서 휴가를 얻어 고향 집에 가 있을 때 '엘라'라는 흑인 여성이 맬컴의 집에 찾아왔다. 엘라는 맬컴의 아버지 얼이 루이즈와 결혼하기 전에 만났던 첫 번째 아내와의 사이에서 태어난 딸이었다. 그러니 맬컴에게는 이복 누이가 되는 셈이었다. 죽기 전에 얼은 맬컴의 형제들에게 엘라 누나에 대해서 이야기한 적이 있었다.

"애들아, 내가 너희 엄마와 결혼하기 전에 다른 여자와 살았던 적이 있는데, 그때 엘라라는 딸을 낳았단다. 너희들에게는 언니나 누나가 되는 셈이지. 그런데 참 똑똑하고 부지런해. 지금은 보스턴이라는 대도시에서 돈을 많이 벌어서 잘살고 있단다."

그 말을 듣고 맬컴은 한 번도 가 본 적이 없는 보스턴이라는 도시를 자주 머릿속에서 떠올려 보았다. 그리고 역시 한 번도 본 적이 없는 엘라 누나를 꼭 한번 보고 싶다는 생각을 하게 되었다. 그런데 그 엘라 누나가 랜싱으로 맬컴의 가족을 찾아왔던 것이다. 엘라 누나는 이복동생들인 맬컴의 형제들에게 보스턴에서 사 온 선물을 나눠 주며 이렇게 말했다.

"우린 어머니는 다르지만 같은 아버지로부터 태어났으니 한 가족이나 다름없어. 앞으로 잘 지내자. 그리고 맬컴, 넌 참 잘생겼구나. 나중에 보스턴에 꼭 한번 오렴."

엘라는 맬컴과 맬컴의 형제들을 무척이나 예뻐했다. 맬컴 역시 나이 차이가 많이 나는 엘라 누나를 어머니처럼 무척이나 따랐다.


보호소 생활에 완전히 적응한 맬컴은 더욱 큰 꿈을 키워 가며 학교 공부에 전념했다. 당시 맬컴은 지금의 중학교 1학년에 해당하는 메이슨 초등학교 7학년(메이슨 초등학교는 8년제이다)에 다니고 있었는데, 성적이 우수하고 성격도 활달해서 친구들로부터 인기가 많았다. 맬컴은 학교에서 한눈팔지 않고 공부했고, 수업이 끝난 후에는 스왈린 부인의 도움으로 식당에서 접시를 닦는 아르바이트를 했다. 식당에서 월급을 받으면 반 친구들에게 근사한 저녁을 사기도 했다.

당시 보호소에서 맬컴과 함께 지내던 아이들 중에는 법원의 처벌이 확정되어 감옥으로 보내지는 아이들이 있었지만, 맬컴은 감옥에 보내지지 않고 오랫동안 보호소에서 지낼 수 있었다. 모두 스왈린 씨 부부가 맬컴을 아끼고 예뻐했기 때문이었다. 맬컴의 성적은 갈수록 향상되었다. 시간이 지날수록 선생님들에게도 인정을 받게 되었다. 그리고 7학년 2학기 때는 반장으로 뽑히기까지 했다. 맬컴이 좋아하는 과목은 역사와 영어였다. 둘 다 많은 것을 생각하면서 공부하는 과목이었기 때문이다. 대신 맬컴은 수학 과목은 가장 싫어했다. 맬컴은 토론하고 생각하고 입장을 정리할 수 있는 과목을 좋아했기 때문에 공식을 외워서 계산만 하는 수학은 마음에 들지 않았다.

졸업이 가까워 오자 맬컴은 자신이 앞으로 무엇을 할 것인지 생각해 보았다. 맬컴은 졸업 후 자신이 무엇을 해야 할지 구체적으로 생각해 본 적이 없었다. 하지만 백인 아이들은 모두들 구체적인 꿈을 가지고 있었다. 그 이유는, 어른들이 백인 아이들에게만 장래의 꿈에 대해서 물어 보았고 백인 아이들은 그 물음에 대답하기 위해 미리 장래 희망을 정해 놓았기 때문이었다.

그러던 어느 날, 맬컴은 수업이 끝나고 교실에 홀로 남아 곧 다가올 시험 공부를 하고 있었다. 그때 복도를 지나가던 영어 선생님이 맬컴을 보고는 교실 문을 열고 들어왔다. 선생님은 맬컴이 공부하는 모습을 잠시 지켜보고는 이렇게 말했다.

"맬컴, 공부를 아주 열심히 하는구나. 너는 나중에 뭐가 되고 싶니?"

맬컴은 잠시 생각해 보고는 대답했다.

"저는 변호사가 되고 싶어요."

그러자 선생님이 크게 놀라면서 타이르듯이 말했다.

"맬컴, 그건 힘든 일이란다. 물론 네가 머리도 똑똑하고 공부도 잘하지만 그건 어려운 일이야. 넌 흑인이고 집안 형편도 어렵잖니. 너에게 맞는 직업을 택하는 게 어떻겠니? 이를테면 목수 같은 것 말이야. 흑인들은 목수 일을 참 잘하던데."

맬컴은 선생님의 말을 듣고 크게 실망했다. 평소에 다정하고 상냥하던 선생님마저 마음속으로는 자신을 흑인이라는 이유로 무시하고 깎아내리고 있었던 것이다. 격려는 해 주지 못할망정 오히려 자신의 꿈을 꺾어 버리다니.

그날 이후 맬컴의 행동은 빠르게 변해 갔다. 더 이상 공부도 하지 않았고 백인 친구들, 선생님들과도 어울리지 않았다. 영어 선생님으로부터 받은 상처가 너무도 컸기 때문이었다.

'그래, 난 어차피 흑인이야. 무얼 해도 백인한테 지게 돼 있어. 내가 내 분수도 모르고 쓸데없는 욕심을 부렸던 거야. 앞으론 책 따윈 펼쳐 보지 않겠어.'

맬컴은 보호소에서도 말을 하지 않았다. 스왈린 씨 부부는 그토록 활달하고 상냥하던 맬컴이 말을 하지 않자 맬컴에게 무슨 일이 있었는지를 물었다. 하지만 맬컴은 대답하지 않았다. 맬컴은 이미 백인들을 아무도 믿고 있지 않았다. 그러는 사이 맬컴의 졸업이 눈앞에 와 있었다.

## 2장

# 수렁으로 빠지는 맬컴

# 고향을 떠나 대도시로

    맬컴은 메이슨 초등학교를 졸업하자마자 엘라 누나가 있는 보스턴에 가기로 결심했다. 엘라 누나가 졸업하면 보스턴에 와서 살아도 좋다고 말했던 것이 기억났기 때문이었다.

    제 딴에는 멋을 부린다고 부렸지만, 보스턴에 도착했을 때 맬컴의 행색은 영락없이 막 촌에서 올라온 시골뜨기였다. 그런 행색으로 보스턴까지 왔다는 게 신기할 정도였다. 지나가는 사람들은 맬컴을 곁눈질하며 자기들끼리 소곤거렸다.

    "쟤 꼬락서니를 좀 봐. 어디서 살다가 온 애지?"

    "머리부터 발끝까지 촌스러움이 덕지덕지 붙어 있네."

    맬컴의 머리는 촌스럽게 깎은 붉은 곱슬머리였고, 양복도 녹색

구식 양복이었다. 게다가 바지 길이는 양말 위로 올라갈 정도로 짧았다.

맬컴은 길을 물어 물어 엘라 누나의 집을 찾아갔다. 하지만 맬컴을 그토록 아끼는 엘라 누나 역시 맬컴의 행색을 보고는 두 눈을 휘둥그렇게 뜨며 기겁을 했다.

"아니, 맬컴, 옷차림이 그게 뭐야. 여기서는 아무도 그렇게 입지 않아. 그렇게 입었다간 시골뜨기 취급을 받게 되거든. 옷차림이 네 잘생긴 얼굴을 해치는구나. 먼저 샤워부터 하고 옷을 갈아입으렴."

맬컴이 샤워를 하고 옷을 갈아입자 엘라 누나는 맬컴을 2층의 한 작은 방으로 안내했다.

"이곳이 앞으로 네가 거처할 방이야. 너도 이제 보스턴에 방을 갖게 된 거야."

그 말에 맬컴은 감격해서 소리쳤다.

"누나, 고마워. 이 은혜는 평생 잊지 않을게."

그 당시 엘라는 혼자 살고 있었다. 결혼을 두 번 했지만, 여장부 같은 엘라의 강직하고 독립적인 성격 때문에 번번이 이혼을 당했다. 하지만 그녀는 언제 어디서나 활기차게 웃었고 낙천적이었으며 부지런했다. 주변 사람들에게도 언제나 친절하게 대했기 때문에 인기가 많았다. 웬만한 남자보다 더 배짱이 있었던 엘라는 마음이 넓고 정이 많은 사람이었다.

저녁 식사 시간이 되자 엘라는 스테이크 요리를 준비해 놓고 맬컴을 불렀다. 엘라는 이복동생인 맬컴과 마주 앉자 보스턴에서 생활하는 법에 대해 또박또박 알려 주기 시작했다.

"맬컴, 지금부터 내가 하는 말 잘 들어야 한다. 대도시에서의 삶은 시골에서의 삶과 많이 다르단다. 이곳에서 살아남기 위해서는 자신만의 생존 전략이 있어야 해. 정신 바짝 차려야 한다고. 촌에서 올라온 시골뜨기들은 대부분 마음이 급해서 일자리부터 구하려고 든단다. 그러다가 사기를 당하거나 피해를 보지. 마음에 들지 않는 일을 하다가 평생 그 수렁에서 못 빠져나오게 돼. 맬컴, 넌 마음에 여유를 갖고 일단 이 보스턴이라는 도시가 어떤 도시인지 구경부터 실컷 하고 다녀라. 이 도시의 분위기를 익힌 다음에 일자리를 구해도 늦지 않으니까 말이야. 먹고 자는 건 여기서 해결하면 되니까 부담 갖지 말고. 알겠지?"

맬컴은 엘라 누나의 다정한 마음 씀씀이에 다시 한 번 감동했다.

"고마워, 누나. 누나 말 명심할게."

다음 날부터 맬컴은 엘라 누나의 말대로 보스턴 시내를 구경하러 다녔다. 걸어서 도시의 남쪽에서 북쪽까지 가 보기도 했고, 걷다가 지치면 버스나 지하철을 타고 거리의 풍경이나 보스턴 사람들을 구경하기도 했다. 보스턴은 대도시답게 활기가 넘치는 곳이었다. 사람들은 모두 바쁘게 움직였다. 메이슨이나 랜싱에 비해서 가게도 많고 차도 많고 높은 빌딩도 많았다.

맬컴은 이런 대도시의 활기찬 분위기가 마음에 들었다. 자신도 이곳에서 무엇이든지 잘해 낼 수 있을 것만 같았다. 열심히만 하면 성공해서 돈도 많이 벌 수 있으리라 생각했다.

집에 돌아온 맬컴은 엘라 누나에게 보스턴을 구경하고 난 느낌을 말했다.

"누나, 나 보스턴이 너무 마음에 들어. 시골보다 이곳이 훨씬 좋아. 역시 사람은 넓은 곳으로 나가야 하나 봐. 나 여기서 뭐든지 해서 꼭 성공할 거야."

그러자 엘라는 타이르듯이 말했다.

"맬컴, 우린 흑인이야. 흑인이 성공하기 위해선 백인보다 몇 배 노력해야 해. 일단 좀 더 구경하렴. 네가 일해야 할 때가 되면 내가 일자리를 찾아 주마. 대도시에 뿌리를 내리려면 안정된 일자리를 구하는 게 가장 중요하단다."

"알았어, 누나."

엘라 누나는 갑자기 생각이 난 듯 맬컴의 어깨를 툭 치며 말했다.

"참, 맬컴, 아무 데나 구경하지 말고, 내일은 보스턴에서 잘사는 사람들이 많은 록스베리에 한번 가 보거라. 배울 게 많을 거야."

다음 날 맬컴은 용기를 내어 엘라 누나가 말한 보스턴 최고의 번화가 '록스베리'에 가 보았다. 그곳은 보스턴의 다른 곳과 많이 달랐다. 화려하게 지어진 높은 빌딩 앞을 깨끗한 정장을 입은 사람들이 잠시의 틈도 없이 바쁘게 왔다 갔다 하고 있었다. 그중에는 흑인들의 모습도 제법 보였다. 맬컴은 그들의 모습을 보고 놀라움을 금할 수 없었다. 그곳의 흑인들은 맬컴이 꿈에도 생각하지 못했던 삶을 살아가고 있었기 때문이었다.

보스턴 록스베리의 흑인들은 스스로를 상류층이라고 생각하면서 빈민가에 사는 흑인들을 무시하고 경멸했다. 그들은 빈민가에 사는 흑인들과 자신들이 다르다는 자만심을 가지고 있었던 것이다.

다음 날도 맬컴은 록스베리에 가서 흑인들이 생활하는 모습을 유심히 살펴보았다. 록스베리의 흑인들은 대부분 잔디가 잘 손질된 마당이 있는 조용한 집에서 살고 있었다. 그들은 직장에 가거나 물건을 사러 갈 때, 혹은 교회에 가거나 남의 집을 방문할 때 거만하고 위엄 있는 태도로 걸어 다녔다. 맬컴은 그들이 돈을 많이 벌었고 좋은 직업을 가지고 있으며 교육 수준도 높을 거라고 생각했다. 맬컴은 잘사는 흑인들을 보니 기분이 좋아졌다. 자기도 열심히 노력만 하면 저 사람들처럼 풍족하고 여유 있게 살 수 있을 거라고 생각했다. 하지만 그건 맬컴의 착각이었다. 나중에 알고 보니 맬컴의 눈에 부자들로 비쳤던 흑인들은 구두닦이나 빌딩의 수위에 불과했다. 그들은 겉모습만 화려하게 꾸미고 백인들의 생활을 흉내 내고 있었던 것이다.

한번은 이런 일이 있었다. 저녁으로 먹을 빵을 사 가지고 엘라 누나의 집에 가기 위해 바쁘게 길을 걷던 맬컴은 어떤 흑인 신사와 어깨를 부딪쳤다. 그 바람에 맬컴이 들고 있던 빵이 바닥에 떨어졌다.

흑인 신사는 진심으로 미안한 표정을 지으며 말했다.

"이거 미안하네. 나 때문에 자네의 빵이 바닥에 떨어졌군."

"어, 이를 어째. 이건 오늘 저랑 누나가 먹을 빵인데……."

맬컴은 발을 동동 굴렀다. 그러자 신사가 주머니에서 지갑을 꺼내 빵을 새로 살 돈을 주었다. 맬컴이 땅에 떨어뜨린 빵보다 훨씬 비싼 빵을 살 수 있는 액수였다. 흑인 신사는 맬컴의 손에 돈을 쥐여 주면서 말했다.

"자넨 시골에서 막 올라온 친구 같군. 이곳 보스턴에서 흑인이 성공하기란 매우 어려운 일이야. 나도 성공하기 위해 열심히 일을 했지. 나는 지금 은행에 다니고 있다네. 어려운 일이 있으면 언제라도 찾아오게."

그러면서 신사는 맬컴에게 전화번호를 적어 주었다.

며칠 후 맬컴은 흑인 신사가 적어 준 은행에 찾아갔다. 맬컴은 그 신사가 은행에서 아주 중요한 일을 하는 사람일 거라고 생각했다. 하지만 은행 문을 열고 들어가 보니 그 신사는 바로 뒷문 옆에서 돈다발을 나르고 봉투를 세는 수위 노릇을 하고 있었다. 맬컴은 기분이 씁쓸해져서 그에게 알은체 하지 않고 은행을 나와 버리고 말았다.

맬컴은 록스베리에서 그 신사 말고도 자신의 직업을 과장해서 자랑하듯 떠벌리는 흑인을 여러 명 만났다. 그들은 하나같이 백인들 밑에서 요리사나 가정부 일을 하면서도 마치 아주 중요한 일을 하기라도 하는 것처럼 거드름을 피웠다. 맬컴이 만났던 보스턴 번화가의 흑인들은 하나같이 자신들이 시골에 사는 흑인들에 비교할 수 없을 정도로 '교양 있고' '고상하다'고 자랑을 늘어놓았던 것이다.

맬컴은 그런 흑인들을 보면서 한 가지 사실을 깨달았다.

'대도시의 흑인은 시골에서 사는 흑인보다 훨씬 더 백인들의 모습을 흉내 내면서 살고 있구나.'

맬컴은 그들의 모습이 몹시 씁쓸하게 느껴졌다.

맬컴은 보스턴의 번화가를 구경한 뒤 이번에는 빈민가를 빠짐없이 구경하러 다녔다. 맬컴이 자주 갔던 곳은 가난한 흑인들이 사는 '블랙 게토' 지역이었다. 빈민가를 다니면서 맬컴은 그곳에 사는 흑인들에게 큰 흥미를 느꼈다. 번화가보다 빈민가의 모습이 맬컴의 관심을 사로잡은 것이다. 맬컴은 아무렇게나 식품을 진열해 놓고 파는 작은 식료품 가게, 곧 무너질 것 같은 낡은 주택, 먼지가 풀풀 날리는 싸구려 식당, 건달들이 드나드는 당구장, 상점과 붙어 있는 교회, 전당포 따위를 구경했다. 가난하게 자란 맬컴은 번화가보다는 빈민가의 흑인을 볼 때 오히려 마음이 편안했다. 또한 번화가에 사는 흑인들보다 빈민가에 사는 흑인들의 모습이 훨씬 진실에 가깝다고 생각했다.

하지만 엘라 누나는 맬컴이 빈민가에 자주 드나든다는 사실을 알고는 당혹스러워했다. 엘라 누나는 맬컴이 록스베리의 흑인들처럼 돈을 많이 벌기를 바랐던 것이다.

"맬컴, '블랙 게토'엔 되도록 드나들지 마라. 그곳에서는 네가 배울 게 없어. 시내 중심가로 가. 그곳에 네 친구들이 많을 거야."

하지만 맬컴은 비싼 옷을 입거나 돈을 잘 쓰는 흑인들에게 별로 관심이 가지 않았다. 오히려 빈민가에서 싸구려 옷을 입고 당구장이나 식당, 술집 같은 곳에 걸터앉아 있는 건달들에게 호기심이 갔다. 그들에게 친근감마저 들었다.

보스턴 시내 구경을 질릴 만큼 한 맬컴은 슬슬 일자리를 구하고 싶어졌다. 엘라 누나는 맬컴에게 조급하게 일자리를 구하지 말라고는 했지만, 그녀 역시 맬컴의 취직 문제 때문에 마음이 심란하기는 마찬가지였다. 그래서 드디어 맬컴에게 직장을 알아봐도 좋다고 이야기했다.

"맬컴, 너도 이제 네가 하고 싶은 일을 찾아보렴."

"알았어요, 누나. 걱정 마세요."

맬컴은 자신 있다는 듯 소리쳤다.

어느 날 오후, 맬컴은 보스턴 거리를 거닐다가 당구장 간판을 발견하고는 걸음을 멈추었다. 맬컴은 창밖에서 당구장 안을 들여다보았다. 많은 흑인들이 당구대 주변에 서서 '딱딱' 소리를 내며 당구를 치고 있었다. 그때까지 한 번도 당구를 해 본 적이 없는 맬컴은 당구장 안을 구경해 보고 싶다는 생각이 들었다. 커다란 녹색 당

구대 주위에 둘러서 있는 흑인 건달들에게 호기심이 느껴졌다. 맬컴은 조심스럽게 당구장에 들어섰다. 당구장 안에는 보잘것없는 차림새의 흑인 몇몇이 돈을 걸고 당구 시합을 하고 있었다. 카운터에는 종업원으로 보이는 키가 작은 흑인이 손님들이 당구를 칠 때

손에 바르는 가루를 깡통에 담고 있었다. 맬컴은 그 종업원 쪽으로 조심스럽게 걸어갔다. 할 수만 있다면 당구장에서 일하고 싶었다.

맬컴은 일부러 당당한 목소리로 종업원에게 말을 걸었다. 무언가 도움을 요청하면서 자신도 모르게 목소리에 주눅이 들었을지도 모른다는 생각이 들었기 때문이었다.

"이봐, 쇼티(당시 흑인들이 쓰던 은어로 꼬마라는 뜻), 내가 당구장에서 일자리를 구하고 싶은데, 좀 도와줄 수 있겠어?"

그러자 종업원은 하던 일을 멈추고 맬컴을 올려다보았다. 그는 '쇼티'라고 자주 불렸는지, 별로 기분 나쁜 표정이 아니었다.

"어떤 일이든 상관없어? 흑인들이 여기서 할 수 있는 일은 심부름밖에 없어."

맬컴은 솔직하게 말하기로 했다.

"난 미시간 주에서 접시도 닦아 보았어."

그러자 쇼티의 표정이 확 바뀌었다.

"정말 미시간 주에서 왔단 말이야? 나도 거기서 왔어. 난 랜싱 출신이야. 넌 어디 출신이니?"

그 말을 듣고 맬컴도 깜짝 놀랐다.

"나도 랜싱에서 왔어. 우리 가족들은 지금도 랜싱에 있는걸."

"그럼 우린 고향 친구네."

"그래, 우린 고향 친구야! 와, 반갑다."

# 대도시의 구두닦이가 되다

맬컴은 뜻하지 않게 보스턴 한복판에서 고향 친구를 만났던 것이다. 맬컴은 쇼티를 단번에 좋아하게 되었다. 무엇보다 그의 솔직함이 마음에 들었다. 쇼티는 시골 출신답게 순박하고 정이 많았다. 그리고 음악을 몹시도 좋아하는 친구였다. 그는 열심히 일해서 모은 돈으로 색소폰을 사서는 매일 연습하는 중이었다.

"이봐, 맬컴, 내 꿈은 유명한 재즈 연주자가 되는 거야. 당구장에서 죽을 때까지 일할 수는 없잖아."

당시 미국에서는 재즈라는 음악 장르가 대유행이었다. 거리 곳곳에서 재즈 음악이 울려 퍼졌고, 사람들은 재즈에 맞춰 춤을 추는 것이 유일한 즐거움이었다.

재즈는 원래 흑인들의 음악이었다. 흑인들의 삶 속에 뿌리를 두고 그들의 기쁨과 슬픔, 고통을 음악으로 풀어 낸 게 바로 재즈였다. 그래서 재즈 음악을 연주하는 사람들도 대개 흑인이었다.

하지만 재즈에 열광하기는 백인들도 마찬가지였다. 흑인들은 대개 백인들에게 무시를 당했지만 유명한 재즈 연주자나 가수들만큼은 예외였다. 그들은 백인에게도 당당하게 대접을 받고 스타로서 부와 명예를 얻어 여유롭고 화려한 생활을 할 수 있었다. 그러니 흑인들이 재즈 연주자나 가수가 되고 싶어 하는 것은 당연한 일이었다. 쇼티도 그런 꿈을 부풀리며 당구장에서 허드렛일을 하고 있는 것이었다.

고향 친구 쇼티를 알게 된 맬컴은 든든했다. 보스턴에서 이제 혼자가 아니라는 생각이 들었기 때문이었다. 쇼티는 여러 분야에서 아는 게 많고 사귀고 있는 친구도 많았다. 맬컴은 그런 쇼티에게 일자리를 알아봐 달라고 부탁했고, 쇼티는 아는 사람을 통해 '로즐랜드 스테이트 볼룸'이라는 유명한 무도회장 앞의 구두닦이 자리를 맬컴에게 소개했다. 맬컴은 구두닦이가 자신의 직업으로 썩 마음에 들지는 않았지만, 친구가 특별히 선심을 쓰며 소개했기 때문에 거절할 수가 없었다.

맬컴은 길거리의 평범한 구두닦이가 아니라 무도회장에 출입하는 손님들만을 상대로 구두를 닦아 주는 구두닦이가 된 것이었다.

맬컴이 구두닦이를 하게 됐다는 이야기를 들은 엘라 누나는 기
분이 몹시 상한 눈치였다.

"맬컴, 기껏 한다는 일이 구두닦이야? 차라리 공장에 들어
가거나 슈퍼마켓 종업원이 되는 게 낫지 않겠니?"

맬컴은 엘라의 말에 개의치 않고 쇼티가 소개해 준
대로 로즐랜드 스테이트 볼룸 앞에서 구두닦이를

시작했다. 맬컴은 프레디라는 고참으로부터 구두닦이 생활에 대한 설명을 들었다.

"우선 솔질을 해서 먼지를 털어 내라고. 그리고 묽은 구두약을 바르고 또 솔질을 한 다음, 와스를 바르고 광을 낸 후 라카를 뿌려 마무리하면 되는 거야. 일단 구두는 최대한 빨리 닦을수록 좋아. 그리고 손님 중에 화장실에 가는 사람이 있으면 화장실 앞에서 기다렸다가 수건을 내밀어. 그러면 아마 너에게 팁을 줄 거야. 너는 정중히 인사하면서 그 팁을 받으면 돼. 그리고 옷솔을 준비해서 그들의 무도회복을 슬슬 쓸어 줘 봐. 그러면 다시 팁을 줄 거야. 사실 구두를 닦아서 버는 돈보다 그렇게 손님들의 비위를 맞춰 주면서 버는 돈이 훨씬 많지."

며칠 일을 해 본 맬컴은 구두닦이 일이 단순히 구두만 닦는 게 아니라는 걸 깨달았다. 구두를 닦는 손님 중에는 술이나 대마초, 마약을 구해 달라는 말을 하는 이들도 꽤 많다는 것을 알았기 때문이다. 두뇌 회전이 빨랐던 맬컴은 어떻게 하면 돈을 빨리 벌 수 있는지를 금방 깨달았다. 그는 쇼티에게 돈을 꿔서 술과 대마초와 마약을 산 다음, 그걸 손님들에게 비싼 값을 받고 되팔았다. 한두 번 시험 삼아 해 봤는데, 정말 금방 돈이 모아졌다. 맬컴은 점점 이 일에 재미를 붙였다. 심지어는 손님에게 하룻밤 잠을 같이 잘 수 있는 여자를 소개시켜 주고 돈을 받기도 했다. 맬컴은 곧 구두를 닦고 수건을 들고 뛰는 일보다 술과 대마초를 팔고 여자를 소개하는 일이 훨씬 많은 돈을 벌게 해 준다는 걸 깨달았다. 그게 나쁜 일이라는 생각은 들었지만 대도시에서 먹고살기 위해서는 어쩔 수 없다고 생각했다.

맬컴은 쉽게 벌어들인 돈을 쉽게 썼다. 그러면서 점점 예전의 순수함을 잃어 갔다. 맬컴은 곧 구두닦이 일을 그만두고 쇼티와 어울려 술집과 무도회장을 돌아다녔고, 거기서 많은 여자들을 만났다. 맬컴은 대도시의 유흥가를 돌아다니며 흥청망청 돈을 썼다. 백인들을 흉내 내어 곱슬머리를 반듯하게 펴서 길렀고, 멋진 양복을 맞춰 입고 멋을 냈다. 더 이상 맬컴은 미시간 주에서 올라온 시골뜨기가 아니었다.

엘라 누나는 일은 하지 않고 놀기만 하는 맬컴의 모습을 못 봐주겠는지 맬컴에게 소다수 판매장의 종업원 자리를 소개해 주었다. 누나의 청을 거절할 수 없어 일을 시작하긴 했지만, 맬컴은 그 일을 별로 좋아하지 않았다. 이미 맬컴의 정신은 할렘의 유흥가에 푹 빠져 있었기 때문이었다.

그 무렵 맬컴은 자주 드나들던 흑인 무도회장에서 로라라는 여자를 만났다. 로라는 아주 예쁘고 상냥했다. 그리고 늘 책을 가지고 다녔다.

로라는 맬컴이 일하는 소다수 판매장에 자주 놀러 왔다. 맬컴을 몹시 좋아하는 눈치였다. 맬컴 역시 로라가 마음에 들었다. 로라의 순수한 모습에 마음이 끌렸다. 엘라 누나는 맬컴이 여자 친구를 사귄다는 사실이 무척 반가웠다. 외로움을 많이 타는 맬컴이 정신을 차리고 일에 전념하기 위해서는 여자 친구가 도움이 될 거라고 생각했다. 로라와 맬컴은 서로의 마음을 확인하고 사이좋게 지냈다.

어느 날 맬컴은 쇼티와 어울려서 무도회장에서 신나게 춤을 추고 있었다. 그때 금발의 백인 소녀가 맬컴에게 다가왔다. 누구나 바라볼 만큼 빼어난 미모를 가진 소녀였다. 금발의 소녀는 맬컴의 어깨에 손을 얹으며 말을 걸었다.

"난 소피아라고 해. 너와 춤을 추고 싶은데, 넌 어떠니?"

맬컴은 소피아의 부탁을 거절할 수가 없었다. 그녀는 맬컴에게 처음 말을 건 백인 소녀이기 때문이었다. 당시 미국에서 흑인 남자들의 소망은 백인 여자 친구를 한번 사귀어 보는 것이었다. 맬컴은 돈 많은 흑인이 백인 여자를 데리고 다니는 것을 본 적은 있었지만 자신한테 백인 여자가 다가오리란 생각은 하지 못했다. 맬컴은 금세 소피아에게 빠져 들어갔다. 부잣집 딸이었던 소피아는 하얀 차를 타고 다니면서 소다수 판매장 앞에서 맬컴의 일이 끝나기를 기다리곤 했다. 맬컴과 소피아는 차를 타고 교외로 나가 데이트를 즐겼다. 맬컴은 친구들의 부러움 속에 소피아와의 데이트를 계속했다. 맬컴은 어느새 백인 여자와 같이 다니는 자신의 모습을 다른 사람들에게 뽐내게 되었다. 흑인 남자에게 백인 여자 친구는 부와 명예를 상징하는 것이었다. 그는 곧 동네에서 아주 유명해졌다. 누구나 맬컴을 보면 수군거렸다.

"저 녀석, 요즘 금발 소녀와 사귄다며? 참 재주도 좋군."

맬컴을 좋아했던 로라는 맬컴이 백인 소녀를 사귀자 충격을 받고 깊은 슬픔에 잠겼다. 엘라 누나는 맬컴이 로라를 버리고 백인 여자 애와 어울려 다닌다는 사실을 알고 몹시 화를 냈다.

"맬컴, 너 어쩌려고 그러는 거니? 그런다고 백인 여자 애가 너와 결혼할 것 같니? 넌 지금 그 애의 꾐에 빠져 있는 거야."

하지만 맬컴은 엘라의 말을 듣지 않았다. 오히려 집을 나와 소피아와 동거에 들어갔다. 맬컴은 그것이 깊고 깊은 죄악의 구렁텅이에 빠지는 일이라는 걸 모르고 있었다. 그사이 맬컴을 사랑했던 로라는 상처를 받고 불량한 남자 애들과 어울리면서 삶을 망쳐 버렸다.

# 할렘에서의 웨이터 생활

　멋진 백인 여자와 사귀고 대도시의 생활에 익숙해질수록 맬컴은 점점 순수한 모습을 잃어 갔다. 맬컴의 마음속에는 허영심만 자라고 있었다. 엘라 누나는 그런 맬컴을 붙잡고 간곡히 타일렀다.

　"맬컴, 너 정신 차리지 못하겠니? 이렇게 방황하려고 보스턴에 온 거야? 돌아가신 아버지에게 부끄럽지도 않니?"

　그럴 때마다 맬컴은 반항하며 이렇게 쏘아붙였다.

　"어차피 난 흑인으로 태어났어요. 아무리 열심히 공부해도 출세하기 힘들단 말이에요. 권투를 잘하거나 악기를 잘 다루지 않고는 성공할 수 없잖아요. 나는 내 방식대로 살 거예요. 어떻게든 돈을 벌어서 떵떵거리면서 살 거란 말이에요."

맬컴에게는 보스턴도 좁아 보이기 시작했다. 맬컴은 더 큰 세상이 궁금해졌다. 쉽게 돈을 버는 방법을 이미 알고 있었기 때문에 먹고사는 일에 대한 두려움은 없었다. 맬컴은 소다 가게의 종업원을 그만두고 보스턴과 뉴욕을 왕래하는 기차 안에서 식료품과 간식 따위를 파는 일을 하게 되었다. 맬컴의 정식 직책은 열차 4등 요리사였는데, 말이 좋아 4등 요리사지 실은 심부름이나 간식을 파는 직원을 듣기 좋게 부르는 명칭에 불과했다.

사람들은 보스턴과 뉴욕을 왕래하는 기차를 '양키 쾌속 열차'라고 불렀다. 4등 요리사는 승객들의 심부름을 하는 등 보잘것없는 일을 했지만 맬컴은 이 일이 마음에 들었다. 미국에서 가장 큰 도시인 뉴욕을 왔다 갔다 할 수 있었기 때문이었다. 열차가 뉴욕에 도착하면 맬컴은 냄새나는 기차 직원 복장을 벗어 던지고 멋진 양복으로 갈아입고는 뉴욕의 유흥가를 구경하러 다녔다. 마치 메이슨에서 보스턴에 처음 도착해서 보스턴 시내를 구경하러 다니던 그 시절처럼 말이다.

뉴욕은 맬컴에게 전혀 새로운 도시였다. 맬컴은 할렘의 거리와 그곳에 드나드는 흑인들의 모습을 자세히 살펴보았는데 그들이 사는 모습 하나하나가 맬컴에게 큰 충격과 설렘을 안겨 주었다. 그곳의 흑인들은 모두 여유가 넘쳤고 활기에 차 있었다. 보스턴의 흑인들처럼 돈이 많은 척하지도 않았다. 뉴욕의 흑인들은 실제로 많은 돈을 갖고 있었던 것이다.

'이 세상에 흑인들이 이렇게 멋지고 행복하게 사는 곳도 있구나. 모든 흑인이 가난과 굶주림에 찌들어 사는 것은 아니구나.'

할렘의 흑인들은 하루하루 즐겁게 살고 있었다. 낮에는 술을 마시며 재즈에 맞춰 춤을 췄고, 밤에는 미녀들과 달콤한 연애를 했다. 맬컴에게는 그런 뉴욕이, 할렘이 바로 천국처럼 느껴졌다.

흑인이 모여 사는 동네로 알려진 할렘은 원래 미국에 이민을 온 네덜란드 인들이 모여 살던 곳이었다. 그런데 1910년, 흑인 20여 명이 이 지역에 터를 잡고 정착하자 뒤를 이어 많은 수의 흑인들이 밀어닥쳤고, 이렇게 해서 길지 않은 동안 할렘은 오늘날과 같은 흑인들만의 동네가 되었다. 특히 1920년대 초에 이곳에 재즈를 하는 흑인들이 들어오게 되면서 할렘 지역은 점차 유명해졌고, 자연스럽게 술집 등 유흥가가 형성되자 매일 밤 수많은 사람들의 발길이 끊이지 않게 된 것이다.

기차가 뉴욕에서 정차할 때마다 맬컴은 미친 듯이 새로운 술집과 유흥가를 찾아 헤매고 다녔다. 어떤 술집에서 우연히 유명한 재즈 연주자를 만나 술이라도 한잔 하는 날이면 마치 자신이 대스타가 된 듯한 착각에 빠져들었다. 맬컴은 마치 최면에 걸린 사람처럼 할렘의 밤을 사랑했다. 자신이 헛된 꿈을 좇으며 유흥가에서 흥청거리고 있을 때도 많은 흑인들이 백인들의 멸시를 받으며 뒷골목의 좁은 집에서 배고픔과 추위에 시달리고 있다는 사실을 전혀 생각지 못하고 있었다. 맬컴은 이미 예전의 맬컴이 아니었다.

"결국 내가 몸담을 곳은 이곳 할렘뿐이야!"

노는 데에만 정신이 팔렸기 때문에 맬컴의 근무 태도는 갈수록 불성실해졌다. 특히 승객들에게 불손하게 대하기 시작했다. 하루는 손님과 크게 싸우는 일이 벌어졌다. 맬컴의 성의 없는 서비스에 손님이 크게 화를 내고 기관장에게 맬컴의 불성실한 태도를 일러 바쳤던 것이다. 그 일로 맬컴은 '양키 쾌속 열차'의 4등 요리사 자리를 물러나야만 했다. 하지만 맬컴은 아무 걱정이 없었다. 보스턴에서 지냈던 것처럼 이곳 뉴욕에서도 얼마든지 일자리를 구해서 돈을 벌 수 있을 것만 같았다. 마침 제2차 세계대전이 벌어져 도시에서 일할 수 있는 젊은 남자가 흔하지 않은 시절이었다. 맬컴은 뉴욕에 정착하기로 마음을 굳히고 마지막으로 고향 사람들에게 인사를 하기 위해 랜싱에 다녀오기로 마음먹었다.

'마지막으로 가족들에게 인사하러 고향에 다녀오자. 그런 다음 시골뜨기의 과거를 모두 잊어버리고 뉴욕 시민이 되는 거야.'

고향에 도착하자 고향 사람들은 맬컴의 달라진 행색과 붉게 물들인 머리를 보고는 모두들 혀를 내둘렀다. 특히 메이슨 보호소의 스왈린 부인은 불안한 표정을 지으며 말했다.

"이봐, 맬컴, 어쩌다가 네가 이렇게 됐니? 나는 네가 훌륭한 사람으로 성장할 줄 알았는데. 뉴욕은 사람을 다 이렇게 만드니?"

맬컴은 스왈린 부인의 말에 아무런 대꾸도 할 수 없었다.

맬컴은 서둘러서 고향을 떠나 다시 뉴욕으로 돌아왔다. 맬컴은 곧 아는 사람의 도움으로 '스몰즈 파라다이스'라는 유명한 클럽의 웨이터로 취직하게 되었다. 맬컴은 자신이 이 클럽에서 일하게 되었다는 이야기를 들었을 때 뛸 듯이 기뻤다. '스몰즈 파라다이스'는 뉴욕 할렘에서 가장 크고 유명한 나이트 클럽이었기 때문이다. 이곳에서 일한다는 것은 뉴욕의 유명한 사람들을 직접 만날 수 있다는 것을 뜻했다. 맬컴은 이곳에서 반드시 성공의 기회를 잡겠다고 다짐했다. 그리고 최선을 다해 일했다. 기차에서 일할 때와는 달리 손님에게 친절하게 대했고 언제나 웃는 얼굴로 깍듯하게 인사했다.

"또 오셨군요. 어서 오십시오. 오늘은 무얼 드릴까요? 오늘은 스테이크 요리가 아주 그만인데……, 스테이크에 프랑스산 와인 한 잔 하시죠."

맬컴은 스몰즈 파라다이스에 먼저 들어온 고참 요리사나 바텐더들로부터 뉴욕의 이야기를 들었다. 그들이 들려주는 이야기는 흥미진진했다. 그들의 이야기를 듣고 있으면 뉴욕에서 누가 돈을 많이 벌었고 누가 어떤 취미를 가지고 있으며, 그리고 누가 아이를 낳았고 누가 아내와 이혼을 했는지 같은 사소한 것들까지 다 알 수 있었다.

맬컴은 그곳에 드나드는 손님들을 하나하나 자세하게 살피기 시작했다. 그리고 그들이 하는 이야기를 열심히 귀 기울여 들었다. 맬컴은 자신이 성공하기 위해서는 어떤 사람이 뉴욕에서 힘깨나 쓰는 사람인지, 어떤 사람이 권력을 쥐고 있는 사람인지, 어떤 이가 돈이 많은 사람인지를 알아야 한다고 생각했다. 나중에 맬컴은 손님의 얼굴만 보고도 그의 직업이 무엇인지 알아맞힐 수 있을 정도가 되었다.

술집 스몰즈 파라다이스에는 별의별 사람들이 다 모여들었다. 사업가, 노름꾼, 포주, 정부 인사, 은행원, 공무원 등 돈깨나 있는 사람들은 마치 자신의 지위를 과시라도 하듯 이곳을 매일 드나들었다. 맬컴은 이들과 친해지기 위해 일부러 가까이 접근해서 이야기를 나누었고 실제로 많은 유명한 사람들과 친해질 수 있었다.

손님들 중에서 맬컴의 관심을 끄는 사람은 주로 여자를 소개해 주고 돈을 받는 포주들이었다. 그들은 대개가 흑인이었는데, 백인 여자들과 흑인 여자들을 데리고 다니면서 남자들을 상대로 장사를 했다. 그들은 포주이면서도 아주 근엄하게 행동했고 신사인 척했다. 신기한 것은 아무도 이들을 비난하지 않는다는 것이었다. 오히려 더 예쁜 여자를 소개받기 위해 포주에게 온갖 아양을 떠는 사람들도 있었다. 맬컴은 그것을 보면서 돈이 사람의 체면을 얼마든지 바꾸어 놓을 수도 있다는 생각을 했다.

'돈만 있으면 무슨 짓을 해도 무시를 당하지 않는구나.'

맬컴은 조금씩 할렘에서의 생존법을 익히기 시작했다. 여자 장사를 하는 사람, 마약 밀매를 하는 사람, 노름을 하는 사람. 그들은 세상의 쓰레기 같은 존재들이었지만 누구보다도 좋은 옷을 입고 좋은 차를 타고 큰소리를 치면서 떵떵거리며 살고 있었다. 무엇을 하든 돈을 많이 벌면 아무런 문제가 없었다. 맬컴은 그런 사람들의 이야기를 너무나도 생생하게 들을 수 있었고 매일 그런 사람들과 어울려 지냈으므로 도둑질이나 노름, 매춘 같은 일에 대해서도 아무런 죄책감이 들지 않았다. 맬컴은 조금씩 조금씩 그들을 닮아 가고 있었다.

# 절도에 손을 대다

맬컴은 할렘에서 돈을 물 쓰듯 하는 흑인들을 볼 때마다 자신의 모습을 그들의 모습과 비교해 보았다.

'저들은 저렇게 마음껏 돈을 쓰며 풍족한 생활을 누리고 있는데, 나는 쥐꼬리만 한 월급을 받으며 웨이터나 하고 있다니.'

맬컴은 그들이 어떻게 해서 그렇게 많은 돈을 벌어들였는지 속속들이 알고 있었다. 그들이 물 쓰듯 쓰는 돈은 정직하고 성실하게 일을 해서 번 돈이 결코 아니었다. 건달 생활을 하면서 마약을 팔거나 노름을 해서 벌었거나, 그것도 아니면 사기를 치거나 절도를 하고 매춘을 알선하는 등의 온갖 부정한 방법으로 벌어들인 돈이었다. 그들은 거의 매일 스몰즈 파라다이스에 와서 스테이크를 배불리 먹고 취하도록 비싼 술을 마셔 댔다. 그들 중 어떤 사람은 맬컴에게 팁을 던져 주면서 이렇게 말하기도 했다.

"이봐, 이 돈 용돈으로 써. 같은 흑인인데 넌 종노릇을 하고 나는 이렇게 멋지게 살고 있잖아. 내가 부럽지 않나, 응?"

솔직히 맬컴은 그들의 모습이 부러웠다. 자신도 그들처럼 살고 싶었다. 당시 뉴욕은 숫자 맞추기 도박이 대유행이었다. 숫자를 맞추면 자기가 건 돈의 600배를 벌어들일 수 있는 게임이었다. 도박을 벌이는 사람들 대부분은 할렘의 가난한 흑인들이었다. 그들은 매일 일당으로 벌어들인 돈을 모조리 이 도박 게임에 걸었다. 하지만 그들은 대개가 돈만 잃고 말았다. 물론 운이 좋아서 당첨이 되는 사람도 있었다. 당첨된 사람은 하루아침에 멋진 양복 차림으로 나타나서 자신의 행운을 뽐내며 주변 사람들에게 음식과 술을 사기도 했다. 맬컴 역시 팁으로 받은 돈을 도박에 걸어 보았지만 한 번도 당첨된 적이 없었다. 맬컴은 갈수록 조급해졌다. 주변에는 저마다 성공해서 보란 듯이 돈을 쓰며 돌아다니는 흑인들이 많은데, 자신은 죽을 때까지 술집에서 손님들 비위를 맞추는 웨이터나 할 것 같았다. 계속 이렇게 살 수는 없다고 생각했다.

'성공하기 전에는 결코 고향에 돌아가지 않을 거야.'

맬컴은 웨이터 생활로는 결코 돈을 벌 수 없다고 생각했다. 성공하기 위해서는 무언가 다른 방법이 필요했다. 맬컴은 일단 전부터 잘 아는 포주에게 부탁해서 그와 손을 잡고 손님들에게 여자를 소개시켜 주고 그 대가로 돈을 받기로 했다. 당시 술집에서 남자 손님들에게 여자를 소개시켜 주는 것은 법으로 금지되어 있었다. 하지만 맬컴은 겁도 없이 그 일에 뛰어들었다.

결국 맬컴은 한 손님에게 여자를 소개시켜 주려고 어설프게 접근했다가 경찰에 체포되었다. 운이 없게도 맬컴이 접근했던 손님은 사실 손님을 가장한 경찰관이었다. 그 일로 맬컴은 스몰즈 파라다이스의 웨이터 자리에서 쫓겨났다. 그 사건은 맬컴의 인생을 완전히 바꾸어 놓았다. 맬컴은 이미 예전의 맬컴이 아니었다. 맬컴은 그 사건을 계기로 본격적인 건달이 되기로 결심했다.

'좋아, 이렇게 된 이상 나도 본격적으로 돈을 벌어 볼 거야. 두고 봐. 수단과 방법을 가리지 않고 돈을 벌 거란 말이야.'

맬컴은 건달 세계에 발을 들여놓기 위해 우선 가장 유명한 흑인 건달을 사귀기로 했다. 맬컴이 처음으로 접근한 건달은 전문적으로 절도를 해서 큰돈을 번 사람으로, 주로 백화점 창고를 털어서 고급 옷을 훔쳤다. 맬컴은 그에게 전화를 걸어서 꼭 한번 만나고 싶다고 사정 했다. 그리고 그를 만나자 두 손을 덥석 잡으며 말했다.

"이봐요, 저를 도와주세요. 저는 시골에서 올라왔는데, 당신처럼 큰돈을 벌고 싶어요."

그러자 그가 비웃듯이 말했다.

"정말 나처럼 살고 싶어? 그 말 정말이야?"

"네, 정말이에요. 어떻게 증명해 보일까요?"

"그렇다면 내 구두에 입을 맞출 수 있나?"

맬컴은 그 말을 듣자마자 허리를 굽혀서 그 남자의 먼지 앉은 구두에 입을 맞추었다.

"하하하. 이 친구 정말 진실한 친구군. 그래, 알았어. 오늘부터 내가 너를 친구로 대우하지."

맬컴은 그날 이후 그 사람과 어울려 지내면서 각종 절도하는 방법을 배웠다. 그들이 훔치는 물건의 종류는 무척 다양했다. 그들은 대담하게 차를 이용해서 창고나 큰 상점을 털었는데, 주로 모피 같은 고급 의류를 훔쳤고 그 외에도 카메라와 향수, 술과 담배 등 돈이 될 만한 물건이면 무엇이든 가리지 않고 훔쳤다. 심지어는 군부대에 들어가 총기를 훔칠 때도 있었다. 맬컴은 그들을 따라다니면서 온갖 물건을 훔쳐 냈다.

맬컴은 별로 힘들이지 않고도 돈을 벌 수 있는 생활이 무척 마음에 들었다. 죄책감도 느껴지지 않았다. 죽은 아버지 얼이 목사님이었지만 맬컴은 하나님조차 두렵지 않았다. 맬컴은 절도에 이어 마약 밀매와 매춘에도 손을 댔다. 거리낌이 없었다. 살기 위해선 돈을 벌어야 했고 돈을 벌기 위해선 범죄를 저지를 수밖에 없었다. 맬컴은 마약을 인근 도시에서 싸게 사들여 와 할렘가의 고급 술집에 팔

았고, 여러 명의 포주와 선을 대어 손님들에게 매춘을 알선했다. 그러는 동안 맬컴 자신도 마약을 즐기고 여러 여자를 사귀는 등 방탕한 생활을 했다.

가끔 보스턴에서 함께 동거했던 소피아가 맬컴을 만나기 위해 뉴욕으로 오기도 했다. 뉴욕의 할렘에서도 그녀의 아름다운 외모는 단연 돋보였다. 많은 사람들이 맬컴과 소피아를 쳐다보았다. 맬컴은 그때마다 기분이 우쭐해졌다. 그래서 소피아를 주변 사람들에게 소개하며 백인 미녀를 애인으로 둔 걸 은근히 뽐냈다.

어느 날 맬컴은 동생 레지널드에게서 전화를 받았다. 레지널드가 자신을 만나러 뉴욕에 오겠다는 것이었다. 레지널드는 당시 선원으로 일하고 있었다.

"형, 잘 지냈어? 나 형을 만나러 내일 뉴욕에 갈 거야. 엘라 누나에게서 형이 뉴욕에 있다는 이야기를 들었어."

맬컴은 자신의 변한 모습을 레지널드가 어떻게 생각할지 걱정이 되었지만 자신을 보러 오겠다는 레지널드를 말릴 수는 없었다.

다음 날 저녁 무렵에 레지널드가 뉴욕에 도착했다. 맬컴은 뉴욕역에서 레지널드의 모습을 보자 왈칵 눈물이 쏟아졌다. 동생의 모습이 자신이 처음 보스턴에 왔을 때처럼 순박하고 촌스럽게 느껴졌기 때문이었다.

"레지널드! 옷이 이게 뭐야."

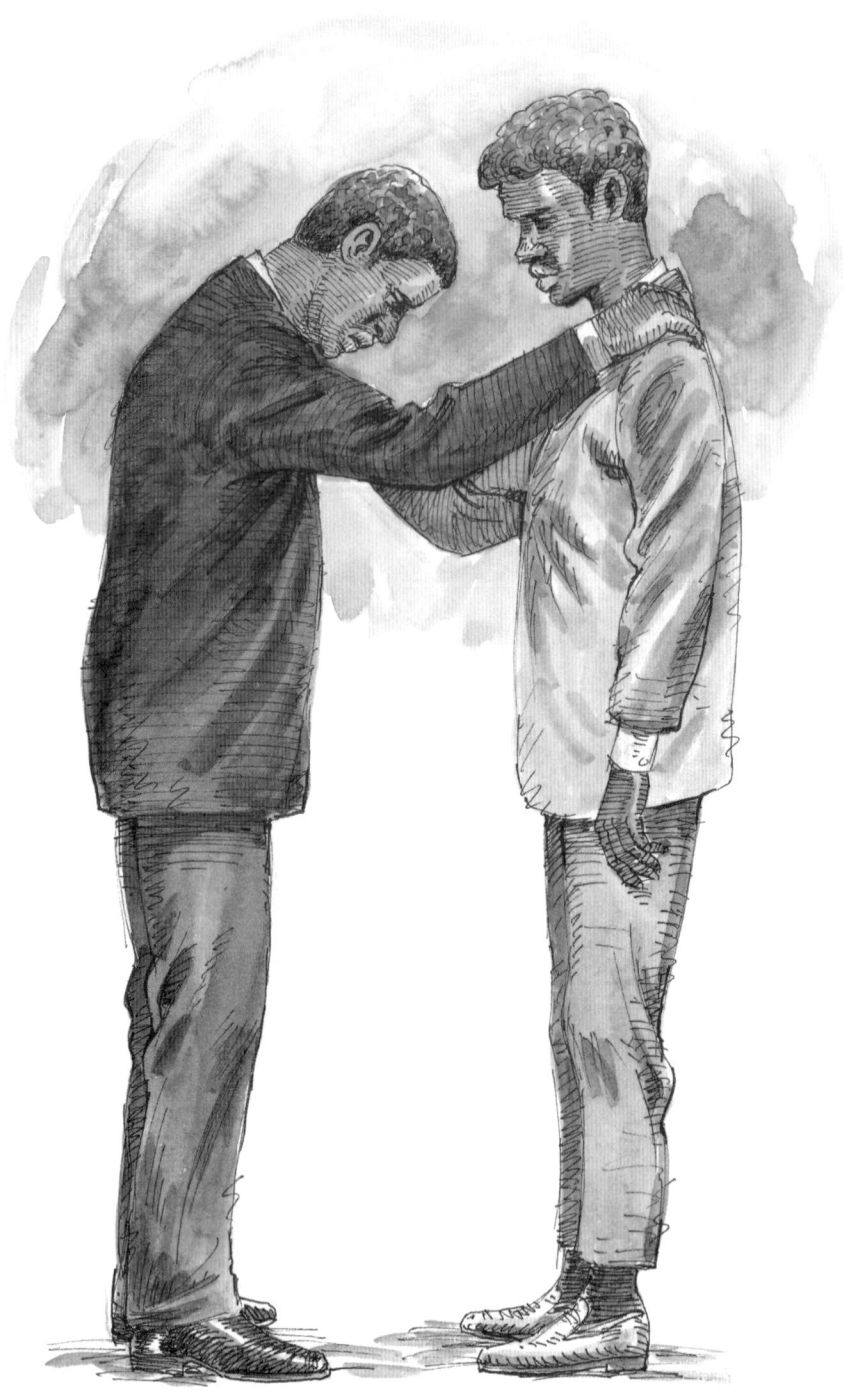

"형!"

맬컴과 레지널드는 서로 껴안았다. 레지널드는 몰라보게 자라 있었다. 키도 180센티미터가 넘는 것 같았다. 마침 맬컴의 옆에는 소피아가 있었다. 맬컴은 소피아를 동생에게 소개했다. 소피아는 반갑게 웃으면서 인사했지만, 레지널드는 맬컴 옆에 바짝 붙어 서 있는 백인 여자가 왠지 낯설고 불편했다.

맬컴은 레지널드를 우선 고급 양복점으로 데려가서 옷을 사 입혔다. 그리고 근사한 레스토랑에 들어가서 고급 음식을 시켰다.

"형, 뉴욕에서 고생이 많지? 형이 하는 일이 뭐야? 엘라 누나 얘기로는 이곳에서 가장 큰 술집에서 일한다고 하는 것 같던데."

"응, 그곳은 예전에 그만두었고 지금은 사업을 하고 있어."

맬컴은 양심에 찔렸지만 그렇게 얼버무렸다.

"사업이라고? 와, 형 대단하다."

맬컴은 그 말에 머쓱한 웃음을 지었다. 레지널드는 뉴욕에서 며칠을 맬컴과 함께 지냈다. 그러는 동안 레지널드는 형이 뉴욕에서 어떤 일을 하는지 조금씩 눈치채기 시작했다. 매일 어딘가에서 이상한 전화들이 걸려오고, 서랍 속에서 마약과 총기류 따위가 발견되었던 것이다. 고향으로 돌아가기 전날 밤에 레지널드는 맬컴과 단둘이 식탁에서 마주 앉았다.

"형, 나는 형을 아주 좋아했어. 형은 똑똑하고 아주 순수했잖아.

그런데 지금 형 모습이 이게 뭐야. 우리 아버지는 백인한테 죽임을 당했는데, 형은 백인들 머리 모양이나 흉내 내고 백인 여자나 사귀고 있잖아. 형, 왜 이렇게 살아? 더 이상 이렇게 살지 마. 이런 생활은 오래 가지 못할 거야. 제발 정신 차리고 정직한 일을 해.”

맬컴은 동생 레지널드의 말을 듣고 버럭 화를 냈다.

“네가 뭘 알아, 응? 내가 여기서 살아남기 위해 얼마나 힘들게 일하고 있는지, 네가 도대체 뭘 아느냔 말이야. 우린 어차피 흑인이야. 가난하게 살게 돼 있어. 정직한 방법으로 살았다간 언제나 백인들 종노릇밖에 못한단 말야.”

“그래도 형이 하는 일은 범죄란 말이야.”

“말 조심해!”

그러면서 맬컴은 레지널드의 뺨을 손바닥으로 세게 쳤다.

그러자 레지널드가 눈물을 머금은 채 말했다.

“형, 우리…… 가난하더라도 정직하게 살자. 응? 나…… 내일 고향에 내려가면…… 고향 사람들에게…… 형이 정직하고 착하게 살고 있더라고 전할게.”

결국 그 말이 맬컴을 울렸다. 맬컴은 레지널드의 어깨를 안고 한참을 흐느꼈다. 뉴욕에서의 밤은 그렇게 깊어 갔다.

## 3장

# 현실을 깨닫다

# 범죄의 수렁 속으로, 그리고 체포

레지널드가 다녀간 이후 맬컴은 며칠 동안 아무 일도 하지 않았다. 레지널드가 했던 말이 자꾸 귓가에 맴돌았기 때문이었다.

'형, 우리…… 가난하더라도 정직하게 살자. 응?'

맬컴은 자신이 앞으로 어떤 인생을 살아야 할지 깊이 생각해 보았다. 하지만 한번 빠져 버린 할렘의 구렁텅이는 맬컴의 몸과 정신을 점점 더 옭아매고 있었다. 헤치고 빠져나오려고 하면 할수록 점점 더 목을 조여 왔던 것이다. 주변의 건달들도 맬컴을 끊임없이 유혹했다.

"이봐 맬컴, 뭐 하고 있어? 오늘 좋은 건수가 있단 말이야."

"이봐, 맬컴, 끝내주는 여자가 있는데 만나 보지 않겠어? 아주 끝내준다고."

"맬컴, 이제 와서 손을 떼려고 해? 우리가 널 가만둘 줄 알아?"

맬컴은 모든 것이 귀찮으면 마약을 복용하곤 했다. 그럴수록 점점 더 이성을 잃어 갔다. 결국 맬컴은 다시 예전처럼 건달들과 어울리며 도둑질과 마약 밀매를 했다. 아니, 전보다 더 거리낌 없이 범죄에 가담했다. 소피아조차 걱정할 정도였다.

"이봐, 맬컴, 이러다가 꼬리가 밟히겠어. 조심하라고."

"상관 마. 난 언제 죽을지 모르는 몸이야. 죽기 전에 화끈하게 살겠어."

맬컴은 다시 절도와 매춘, 마약 밀매의 수렁에 빠졌다. 그중에서 맬컴이 가장 흥미를 느꼈던 일은 마약 밀매였다. 마약 밀매는 절도처럼 위험하지도, 매춘처럼 낯부끄럽지도 않으면서 많은 돈을 안겨주었기 때문이었다. 맬컴은 마약 밀매가 단지 필요한 사람에게 물건을 넘기고 돈을 받는 일종의 거래라고 생각했다. 마침내 맬컴은 할렘에서 가장 유명한 마약 판매상이 되었다. 할렘에서는 맬컴을 통하는 것이 마약을 얻는 가장 쉬운 방법이라는 소문까지 돌았다.

얼마 되지 않아 할렘의 마약 단속반은 맬컴이 할렘에서 마약을 팔고 다니는 주범이라는 사실을 눈치챘다. 언젠가부터 수상한 사람이 맬컴을 미행하기도 했다. 맬컴은 자신이 마약을 판다는 증거를 잡기 위해서 경찰이 미행하는 것이라고 생각했다. 마약 밀매범은 증거가 없으면 체포할 수 없었다. 그래서 마약 밀매범들은 제각각의 방법으로 마약을 몸에 숨기고 다녔다. 주로 구두 뒤축이나 모자의 안쪽에 숨겼지만, 그 방법은 경찰들도 이미 잘 알고 있었다. 마약 밀매범들은 갈수록 마약을 숨기는 것이 힘들어졌다. 맬컴은 마약을 싼 종이를 겨드랑이에 신문처럼 끼고 다니다가 수상한 사람들이 다가오면 급히 길에 떨어뜨리는 방법을 이용했다.

맬컴에 대한 경찰의 수사는 시간이 지날수록 점점 더 집요해졌다. 어느 날, 외출했다가 돌아온 맬컴은 집 안을 둘러보고는 깜짝 놀랐다. 누군가 방에 들어와 곳곳을 샅샅이 뒤진 흔적이 남아 있었기 때문이었다. 맬컴은 본능적으로 자신의 방에 들어왔던 사람이 경찰이라는 걸 알았다. 맬컴은 덜컥 겁이 나 몇 가지 물건을 잽싸게 챙겨 들고 뒤도 돌아보지 않고 방을 뛰쳐나왔다. 그리고 이튿날부터 다른 곳에 방을 구해 생활하기 시작했다.

그 무렵 맬컴은 마약을 자주 사 가는 단골손님으로부터 25구경 자동 권총을 구입해 만약을 대비해 몸에 지니고 다녔다. 허가받지 않고 총기를 소지하는 것 자체가 불법이었지만, 맬컴은 경찰들이 갑자기 자신을 체포하려고 할 때 권총을 사용하겠다는 생각을 하고 있었다. 맬컴은 등 아래쪽에 벨트를 하고 그 안에 권총을 찼다.

경찰의 수사가 점점 더 심해지자 맬컴의 마약 판매량은 갈수록 줄었다. 마약을 사려는 사람 수도 예전에 비해 턱없이 줄어들고 있었다. 맬컴은 다른 방법을 생각해 보기로 했다.

'그래, 역시 큰돈이 되는 건 도둑질이야. 마약 밀매는 감시가 심해지면 수입이 뚝 떨어지는데, 도둑질은 그렇지 않거든. 특별히 감시가 심하지도 않고 말이야. 다시 도둑질을 해야겠어.'

그때 맬컴이 생각해 낸 사람이 보스턴에서 만났던 고향 친구 쇼티와 백인 여자 친구 소피아였다. 맬컴은 쇼티에게 급히 전화를 해서 뉴욕으로 와 달라고 말했다.

"이봐, 쇼티, 어떻게 지내고 있나? 자네하고 꼭 해 보고 싶은 일이 있어. 날 만나러 뉴욕으로 오라고. 나만 믿고 오면 돼."

며칠 후 쇼티가 뉴욕으로 오자 맬컴은 자신의 계획을 설명했다. 맬컴은 쇼티가 자신에 비해서 보수적이고 순수한 면이 있어서 자신의 제안을 어떻게 생각할지 염려스러웠다.

"쇼티, 내 말 잘 들어. 오해는 하지 말라고. 난 고향을 떠난 이후 여러 가지 일을 했어. 공부를 더 해서 변호사가 되고 싶었지만 선생이란 작자가 흑인이라고 무시하는 바람에 꿈을 접고 도시로 왔지. 선생은 나에게 목수 일을 권하더군. 흑인이면 목수가 제격이라는 거지. 난 도시에 와서 자넬 만나 구두닦이부터 시작해서 상점 종업원, 기차 승무원, 술집 웨이터까지 온갖 일을 다 했지. 하지만 그런 일을 해서는 가난을 면할 수가 없었어. 백인들 비위나 맞추면서 여전히 종노릇이나 하는 거였지. 그래서 난 마약도 팔고 매춘도 알선했다네. 물론 그게 나쁜 짓이란 건 알아. 하지만 여기서 내 삶을 다시 돌이키고 싶지는 않네. 마지막으로 크게 도둑질을 해서 성공한 후 손을 씻고 싶어. 이번 일만 성공하면 과거의 모든 죄를 씻고 돈을 가지고 고향에 내려가고 싶어. 자네가 날 도와주겠나?"

맬컴은 쇼티가 어떤 대답을 할지 마음이 조마조마했다. 하지만 쇼티는 뜻밖의 대답을 했다.

"그래, 맬컴. 네 뜻 잘 알았어. 내가 도와줄게. 자네와 함께하지. 자네와 난 같은 고향의 깜둥이 아닌가? 하하하."

맬컴은 쇼티의 말을 듣고 몹시 기뻤다. 맬컴은 곧 마음 맞는 사람을 찾아서 절도단을 조직했다. 조직의 구성원은 모두 다섯 명이었다. 맬컴과 쇼티, 소피아, 소피아의 여동생, 그리고 쇼티가 소개한 루디라는 이탈리아 인이 그 조직원이었다. 맬컴 조직은 아파트 한 채를 빌려 은신처로 삼고 뉴욕의 고급 주택가와 고급 상점을 대상으로 도둑질을 하기 시작했다. 모든 일은 순조로웠다. 그들은 주로 밤에 도둑질을 했는데, 조직원들끼리 손발이 잘 맞았고, 훔친 물건을 취급해 주는 장물아비도 맬컴이 훔친 물건에 대해서 비싼 값을 매겨 주었다.

맬컴 절도단이 특히 많이 훔쳐 낸 물건은 백화점 창고에서 훔친 동양의 카펫이었다. 당시 뉴욕의 부자들 사이에서는 동양의 카펫을 거실에 까는 것이 유행이었기 때문에, 맬컴이 훔친 카펫은 장물

아비에 의해 매우 비싼 가격으로 팔렸다. 맬컴 조직은 차로 이동하면서 신속하게 물건을 훔치고 곧바로 그 자리를 떴기 때문에 경찰들로서는 그들을 잡는 것이 쉽지 않았다. 맬컴 조직은 때로는 금은방을, 때로는 전당포를 털기도 했다. 얼마 지나지 않아 맬컴 일행에게는 셀 수 없이 많은 돈이 모아졌다.

그런데 이상하게도 돈을 벌어도 맬컴이 기대했던 안정된 생활은 찾아오지 않았다. 오히려 갈수록 더 불안해졌다. 쉽게 들어온 돈은 쉽게 나갔다. 맬컴 일행은 자신들이 훔친 보석과 옷으로 치장을 하고 뉴욕의 고급 술집을 돌아다녔다. 그들은 젊은 부자 행세를 하며 물 쓰듯 돈을 썼다. 쇼티는 그 와중에도 재즈 연주자가 되려는 꿈을 버리지 않고 가끔 술집에서 연주를 하곤 했다. 일행은 쇼티가 연주하는 술집에 가서 그의 연주를 들으면서 술을 마시기도 했다. 맬컴은 쇼티가 연주하는 색소폰 소리를 들으며 '저 친구를 내가 범죄의 소굴 속으로 괜히 끌어들인 건 아닌가' 하는 생각을 했다.

맬컴은 자신이 원하는 대로 돈을 충분히 벌었고 쓰고 싶은 만큼 썼지만 고향에 가고 싶은 생각은 들지 않았다. 이미 변해 버린 자신이 시골 생활에 적응할 수 있을지 자신이 없었고, 고향 사람들이 자신을 어떻게 바라볼지도 염려스러웠다. 시간이 갈수록 맬컴의 불안감은 커져만 갔다. 언제 어디서 경찰과 맞부닥뜨릴지 몰라 전전긍긍했고, 잠잘 때에도 머리맡에 권총을 놓아야만 했다. 맬컴은 불안감을 잊기 위해 돈으로 여러 여자를 사서 매일 밤 상대를 바꿔 가며 연애를 했다. 그리고 마약을 밥 먹듯이 했다. 마약에 의지할 때만 잠시 불안감을 떨쳐 버릴 수 있었다. 맬컴은 점점 지쳐 갔다. 주변 사람들에게도 난폭하게 굴었고 신경질을 내기 시작했다.

그사이 경찰의 포위망은 조금씩 좁혀지고 있었다. 당시 뉴욕에는 절도와 강도 같은 각종 범죄가 만연해 있었기 때문에, 경찰은 범죄자를 소탕하기 위해 촉각을 곤두세우고 비상 근무를 하고 있었다.

어느 날 맬컴은 고급 주택에서 훔친 시계를 수리하기 위해 시계점에 들어갔다. 시계점의 주인은 시계를 수리하는 척하다가 맬컴이 알지 못하게 잠시 어딘가에 전화를 걸었다. 시계를 수리하는 데에는 생각보다 시간이 오래 걸렸다. 수리가 거의 끝났을 즈음 시계

점의 문이 급하게 열리고 형사들이 들이닥쳤다. 형사들은 맬컴을 금방 알아보고 에워쌌다.

"맬컴, 널 절도 용의자로 체포한다!"

순식간의 일이었기 때문에 맬컴은 어찌 된 영문인지 알 수 없었다. 시계를 도난당한 사람이 시계가 고장이 났으니 범인이 틀림없이 시계를 고치러 올 것이라고 경찰에 미리 신고해 놓았다. 이 사실을 맬컴은 알지 못했던 것이다. 맬컴은 아무런 저항을 하지 않았다. 자포자기하는 심정으로 순순히 형사들에게 체포되었다.

"좋아, 나를 체포하시오. 그리고 내 등 뒤에 있는 권총을 뽑아 가시오."

형사들은 급히 맬컴의 등 뒤에서 권총을 빼냈다. 그리고 맬컴에게 수갑을 채워 경찰서로 끌고 갔다. 이후 소피아 자매와 쇼티도 줄줄이 체포되었다. 루디는 일행이 검거된 걸 알아채고 도망가서 끝내 잡히지 않았다. 체포되고 얼마 되지 않아 맬컴은 소피아와 그녀의 여동생이 약간의 돈을 내고 곧 풀려났다는 소식을 들었다. 맬컴은 그들이 그토록 쉽게 풀려난 건 그들이 백인이었기 때문이라고 생각했다.

흑인인 맬컴과 쇼티에게는 혹독한 심문과 재판이 기다리고 있었다. 맬컴은 모든 것을 포기하고 눈을 감았다. 1945년 5월, 맬컴의 나이 스무 살 때의 일이었다. 그렇게 모든 죄악의 세계가 막을 내렸다.

# 교도소 생활, 가족의 사랑

맬컴은 친구 쇼티와 함께 미들섹스 법원에서 재판을 받았다. 판사는 맬컴과 쇼티의 죄명을 열네 개나 나열했다. 맬컴은 자신의 죄명을 듣는 순간 고개가 숙어졌다. 그 자리에는 보스턴에서 올라온 엘라 누나와 동생 레지널드가 있었는데, 그들 앞에서 자신의 죄명이 나열되자 모멸감이 들었던 것이다. 쇼티의 어머니는 불쌍하게도 흐느끼면서 하나님에게 기도를 하고 있었다.

"나의 거룩하신 하나님, 우리 쇼티를 살려 주세요. 부디 우리 쇼티를 외면하지 말아 주세요. 제가 이렇게 무릎 꿇고 두 손 모아 빕니다."

쇼티 어머니의 기도를 듣는 맬컴의 마음은 찢어지는 듯했다. 자신이 순수했던 친구를 죄악의 구렁텅이로 밀어 넣었다는 생각이 들었다. 하지만 이미 때는 늦었다. 엎질러진 물은 주워 담을 수 없는 법이다.

백인 판사는 쇼티와 맬컴에게 10년 형을 선고했다. 초범인 맬컴과 쇼티에게는 너무나 가혹한 형벌이었다. 사람들은 그들이 가혹한 형벌을 받게 된 것이 백인 여자들과 어울렸기 때문이라고 수군거렸다. 맬컴의 나이는 그때 막 스무 살을 지나고 있었다. 젊음을 꽃피워야 할 나이에 맬컴은 차디찬 철창 안에 갇히게 된 것이었다.

맬컴이 수감된 곳은 찰즈타운 교도소였다. 그 교도소는 150여 년 전에 세워져서 매우 낡은 데다 좁고 더럽기까지 했다. 그곳에서는 감방에 새로 들어온 사람을 '물고기'라고 불렀다.

맬컴이 찰즈타운 교도소에 들어가자 먼저 감방에 들어와 있던 죄수들이 텃세를 부리며 맬컴을 괴롭히려고 했다.

"어이, 물고기! 이리 와 봐."

하지만 맬컴은 그때 갑자기 마약을 끊었기 때문에 성질이 뱀처럼 표독해진 상태였다. 맬컴은 같은 감방의 죄수들에게 눈을 부릅뜨고 으름장을 놓았다.

"나를 건드리면 어느 놈이든 가만두지 않을 테야."

그 후로 아무도 맬컴을 건드리려고 하지 않았다.

좁고 더러운 감방에는 간이침대가 하나 있었는데, 맬컴의 키가 커서인지 침대가 짧아서인지 누우면 머리와 발이 벽에 닿아 잠조차 편하게 잘 수가 없었다. 감방 안에는 화장실조차 없어서 뚜껑이 있는 양동이가 변기 역할을 하였다. 맬컴은 그 오물 냄새가 너무나 역겨웠다. 당장이라도 철창을 박차고 밖으로 뛰어나가고 싶었다.

맬컴은 자신의 죄를 뉘우치지 않았다. 오히려 교도소의 직원들에게까지 난폭하게 굴었다. 맬컴을 검진하러 온 정신과 의사에게도 심한 욕을 해 댔다. 교도소 직원들은 그런 맬컴을 보며 혀를 내둘렀다. 간수들은 맬컴이 동료와 싸우거나 감방 안의 기물을 파손하는 등 난폭한 짓을 할 때마다 그를 독방에 가두었다. 그럴 때마다 맬컴은 자기 분에 못 이겨 독방에서 한시도 가만있지 않고 왔다 갔다 하면서 큰 소리로 누군가에게 욕을 퍼부었다.

"나를 제발 내보내 달란 말이야. 이 나쁜 놈들아, 왜 나를 가두는 거야! 날 당장 내보내 달란 말이야!"

그 당시 맬컴이 걸핏하면 욕하던 상대는 성경 말씀과 하나님이었다. 그만큼 맬컴은 종교를 우습게 생각했다. 교도소의 직원들과 동료 죄수들은 점차 맬컴을 '사탄'이라고 부르기 시작했다. 맬컴을 자신의 죄를 결코 뉘우치지 않는 한심한 쓰레기로 취급했다.

맬컴은 모든 게 풍족하고 자신이 하는 것은 뭐든 가질 수 있었던 뉴욕의 밤거리를 생각했다. 할 수만 있다면 그 세계로 다시 돌아가고 싶었다. 10년 동안 감옥에서 죽은 듯이 지내야 한다고 생각하니

죽고 싶을 정도의 절망감이 밀려들었다. 20대의 10년을 고스란히 철창 안에서 보내야 한다는 현실이 맬컴을 절망의 나락으로 떨어뜨렸다. 지나간 시간을 되돌리고 싶었다. 맬컴은 자신이 보스턴이나 뉴욕에 오지 않고 고향인 미시간 주에 계속 남아 있었더라면 이렇게 되지는 않았을 거라는 생각이 들었다. 맬컴은 벽에 머리를 부딪치며 자신의 방탕했던 과거를 후회했다. 그는 조금씩 조금씩 자신의 잘못을 반성하기 시작했다.

'내가 어리석었구나. 흑인이라는 이유만으로 나는 온갖 나쁜 짓을 했어. 너무나 이기적이었고, 나로 인해 오히려 흑인들은 더욱 욕을 먹게 되었어. 나의 가족에게 슬픔을 안겼고, 결국 내 인생을 망친 거야. 아, 윌프레드 형, 필버트 형, 엘라 누나.'

감옥 생활은 고통과 지루함의 연속이었다. 하루 종일 아무것도 하지 않고 벽만 바라보고 있는 일은 참을 수 없는 무력감을 안겨 주었다.

맬컴을 위로하는 것은 가족의 편지와 면회뿐이었다. 가족들은 감옥 안의 맬컴에게 자주 편지를 보내왔다. 당시 필버트 형과 레지널드는 이슬람교에 깊이 빠져 있었다. 그들은 이슬람교에 대해 자세하게 설명하는 편지를 맬컴에게 써 보냈다. 특히 언젠가 뉴욕에 와서 맬컴의 방탕한 생활을 직접 보았던 레지널드는 맬컴에게 이슬람교를 믿을 것을 적극적으로 권유했다. 레지널드는 맬컴에게 새로운 세계가 있다는 것을 알려 주었다.

'형, 알라신을 믿어 봐. 그럼, 형 앞에 새로운 세계가 열릴 거야. 형의 마음은 평화로워지고 더 이상 괴롭지 않을 거야.'

'뭐, 알라신을 믿으라고?'

아버지가 목사였고 가족 모두가 독실한 기독교 신자였기 때문에 맬컴에게 알라신이나 이슬람교는 거부감이 드는 말들이었다. 하지만 동생 레지널드의 편지는 계속되었다. 레지널드는 편지에서 진실된 목소리로 형을 설득하고 있었다.

보고 싶은 맬컴 형에게

맬컴 형, 차디찬 감옥에서 잘 지내고 있는지 모르겠어. 형은 감옥에서 온갖 고생을 다 하고 있는데 우리만 밖에서 편한 생활을 하고 있으니 마음이 편하지 않아. 하지만 모든 게 알라신의 뜻이라고 나는 생각해. 형, 오늘도 알라신과 이슬람교에 대해서 이야기해 줄게.

형, 그동안 우리가 믿었던 기독교는 백인의 종교였어. 나는 그걸 알았어. 기독교는 언제나 백인의 손아귀에 있었고 백인들을 위해서만 이용되었어. 백인이 해석하고 번역한 성경은 백인이 아닌 다른 사람들을 노예로 만드는 데 가장 큰 이념적 무기로 사용되었거든. 이웃을 사랑하라고 말한 예수님의 말씀은 우리 흑인이 우리를 종처럼 부리는 백인에게 대들지 못하도록, 반항하지 못하도록 만들었어. 그래야 나중에 죽어서 천국에 갈 수 있다고 가르쳤지.

자신들이 총칼로 정복한 모든 나라에서, 백인들은 항상 성경을 바탕으로 그 지역 사람들을 '이교도' 또는 '미개인'이라고 부르면서 굴복시켜 왔던 거야. 그들은 기독교를 통해 자신들의 폭력을 정당화하려고 했어.

이제 우리는 이슬람교, 알라신을 섬겨야 해. 알라신은 평등한 신이야. 알라신을 모시는 이슬람교는 우리처럼 가난하고 불쌍한 인종을 위한 종교야. 우리 흑인들을 위한 종교지. 형도 감옥에서 알라신을 섬겨 봐. 그럼 하루하루 생활이 달라질 거야. 형, 우리 가족은 여전히 형을 좋아해. 자신감을 갖길 바랄게.

형의 동생 레지널드


하지만 맬컴은 레지널드의 편지를 이해할 수 없었다. 난데없이 알라신이 뭐고 이슬람교가 뭐란 말인가. 맬컴은 아무렇게나 성의 없이 휘갈겨 써서 답장을 보냈다.

맬컴에게 맨 먼저 면회를 온 사람은 엘라 누나였다. 수인 번호가 달린 낡아 빠진 작업복을 입은 맬컴 앞에서 엘라 누나는 애써 마음을 가다듬고 미소를 지어 보였다. 맬컴은 엘라 누나를 보자 눈물이 나오려고 했다. 하지만 총을 지닌 간수들이 옆에서 죄수와 면회자를 감시하고 있었기 때문에 맬컴은 울음을 꾹 삼켜야 했다.

"맬컴, 힘들지 않니?"

"누나, 내가 잘못했어요. 누나 말을 진작에 들었어야 했는데. 내가 어리석었어요."

"누구나 살다 보면 실수를 할 때가 있는 거야. 중요한 건 그 실수를 깨닫고 반성하는 거란다. 그러면 다 용서받을 수 있어. 잘못을 저지르고도 그것을 모르는 것이 더 큰 잘못이야. 맬컴, 힘들지만 용기를 내. 우리 가족은 한결같은 마음으로 맬컴 너를 기다리고 있을 거야."

"고마워요, 엘라 누나. 나는 정말 어리석고 한심한 녀석인데, 이렇게 변함없이 사랑해 주니, 고마워요."

언제나 면회 시간은 짧았다. 무언가 마음속의 이야기를 꺼내 놓으려고 하면 간수들이 면회 시간이 끝났음을 알리는 종을 울렸다. 엘라 누나의 면회는 그 뒤로도 계속 이어졌다. 비록 같은 어머니에게서 태어나지는 않았지만, 엘라 누나는 맬컴을 친동생처럼 진심으로 사랑하고 아껴 주었다. 맬컴은 가족의 관심과 사랑을 받아들이면서 조금씩 변하기 시작했다.

'아, 나는 가족을 위해 하나도 잘한 일이 없는데 가족들은 이렇게 나를 사랑하는구나.'

맬컴은 진심으로 자신의 잘못을 뉘우치기 시작한 것이다.

# 교화, 그리고 개종

맬컴은 감옥에서의 생활을 마음속으로 받아들였다. 자신의 죗값을 치러 내기로 결심했다. 그렇게 생각하니 마음이 한결 편해졌다. 맬컴은 다른 동료 죄수들과 마찬가지로 매일 자동차 번호판을 만드는 공장에 나가서 하루에 일곱 시간씩 노동을 했고, 간수들과도 친하게 지내게 되었다.

가족들은 여전히 편지를 보내왔다. 필버트 형과 레지널드에게서 주로 편지가 왔는데, 그들은 편지를 통해 이슬람교와 알라신에 대해서 설명하고, 맬컴이 이슬람교에 귀의해서 알라신을 믿기를 권유했다. 레지널드는 지난번 편지와 마찬가지로 기독교는 백인의 종교이고 이슬람교는 흑인의 종교라고 편지에 쓰고 있었다. 맬컴은 처음과는 달리 그 편지에 담긴 뜻을 진지하게 생각하기 시작했다.

'레지널드는 왜 이슬람교를 흑인의 종교라고 하는 걸까.'

맬컴은 편지를 통해 그 이유를 레지널드에게 물었다. 종교를 그토록 우습게 봤던 맬컴의 마음이 조금씩 움직이고 있었던 것이다. 레지널드에게 편지를 보내고 며칠 뒤, 맬컴은 레지널드로부터 면회를 오겠다는 답장을 받았다.

드디어 면회일, 레지널드가 맬컴을 만나러 교도소에 왔다. 레지널드는 정성껏 다린 정장을 입고 깨끗한 구두를 신어 마치 교회의 전도사처럼 보였다.

레지널드가 맬컴에게 말했다.

"맬컴 형, 만약 이 세상에 모든 것을 알고 있는 사람이 있다면 그게 누구라고 생각해?"

맬컴은 무심코 대답했다.

"글쎄다. 아마 하나님 같은 사람이겠지."

"아니야. 하나님이 아니야. 모든 걸 알고 있는 사람이 분명히 있어."

"그게 누군데?"

"그 사람의 이름은 알라야."

레지널드의 표정에는 너무나도 확고한 신념이 넘치고 있었다. 맬컴은 진지한 얼굴로 레지널드의 말에 귀를 기울였다.

"형, 원래 이 세계의 주인은 흑인이었어. 세계 최초로 태어난 인간이 흑인이었단 말이야. 인류의 조상이었지. 하지만 백인들은 평화롭게 사는 흑인 사회를 무참히 짓밟고 파괴했어. 하나님의 이름을 내걸면서 말이야. 그런데 이제 세계가 다시 변하고 있어. 흑인 사회를 지배하고 착취해 온 백인들의 힘이 지금 급속도로 약해지고 있단 말이야. 그들은 온갖 쾌락에 빠져서 점점 멸망의 길로 접어들고 있어. 지금 우리 흑인들은 과거와 같이 세계를 지배하기 위해 다시 일어나고 있어. 백인의 시대는 내리막길에 접어들었어. 그리고 마침내 사라질 거야."

"우리 흑인이 그렇게 대단한 존재야?"

맬컴이 물었다. 그러자 레지널드가 말했다.

"백인들은 애써 무시하려고 하지만, 지구 상에 출현한 최초의 인류는 흑인이었어. 어느 인종보다 흑인에게서 먼저 고대 문명이 시작된 거지. 형과 나는 그 고대 문명인의 자손이야. 우리의 조상인 고대 문명인들은 뛰어난 재능을 가졌고 부족을 평화롭게 다스렸어. 다툼 같은 게 없었지. 우리 흑인은 백인보다 훨씬 먼저 아름다운 문명을 건설했던 거야. 그런 위대한 인종의 후예라는 점을 우리 흑인들은 모르고 있었던 거야. 백인들이 그런 사실을 숨겼기 때문이지. 우리는 우리의 진짜 성이 무엇인지도 모르고 있을 뿐만 아니라, 누가 진짜 우리말을 해도 알아듣지 못해. 백인들은 우리가 우리 자신의 진실된 모습을 보지 못하도록 교육시키고 세뇌시켰어. 흑인 고유의 말을 못하게 하고 자신들의 말을 가르쳤지. 형이나 나는 백인의 희생자야. 백인은 우리 선조의 땅에서 살인과 강간을 하고 우리의 정신마저 짓밟은 거야."

레지널드의 말은 맬컴에게 큰 충격을 주었다. 맬컴의 머릿속에 어렸을 때 아버지에게서 들었던 말들이 어렴풋이 떠올랐다.

'우리의 고향은 아프리카란다. 백인들은 아프리카의 흑인, 말하자면 우리의 선조를 자신들의 노예로 부리기 위해 억지로 미국 땅으로 끌고 온 거야. 우리는 이곳에서 노예의 후손으로서밖에 살 수 없어⋯⋯. 맬컴, 너도 크면 흑인의 자유를 위해서 싸워야 한다. 우린 백인의 노예가 아니란다. 그 점을 잊어서는 안돼.'

맬컴은 자신의 마음이 서서히 움직이는 걸 느꼈다. 굳게 닫혔던 마음의 빗장이 풀리는 걸 분명히 느낄 수 있었다. 맬컴은 떨리는 목소리로 레지널드에게 말했다.

"그래, 나도⋯⋯ 알라신을 믿어 볼게. 그런데 그러려면⋯⋯ 어떻게 해야 하지?"

"그게 정말이야, 형? 정말 잘됐다. 이제 형은 구원을 받은 거야."

레지널드는 크게 기뻐하면서 말했다. 그리고 한 사람을 소개해 줬다.

"형, 우리의 지도자는 엘리자 무하마드 선생님이야. 우리와 같은 흑인이면서 알라신의 계시를 받은 분이지. 흑인들의 해방을 위해서 늘 기도하는 분이야. 이분께 편지를 써 봐. 형의 편지를 받으면 무척 기뻐하실 거야."

레지널드가 돌아간 후 맬컴의 가족들은 맬컴에게 매일같이 편지를 써서 보냈다. 맬컴의 가족들은 맬컴에게 끊임없이 '엘리자 무하마드 선생의 가르침을 받으라'고 권유했다. 레지널드는 알라신을 받들기 위해선 우선 돼지고기를 먹지 말고 담배를 피우지 말아야 한다고 말했다. 그리고 마약이나 술과 같은 인체에 해로운 것을 몸 가까이 해서는 안 된다고 했다.

맬컴은 검은색 피부를 갖고 태

어났다는 이유로 모든 것을 포기하고 방탕한 생활을 일삼았던 자신의 과거를 돌이켜보았다. 과거를 돌이켜볼수록 부끄러워서 참회의 눈물이 쏟아졌다.

'난 인류의 조상이 흑인인지도 모르고, 우리의 조상이 그토록 존귀한 존재인지도 모르고, 백인에게 살해당한 아버지의 억울함도 잊어버리고 그토록 방탕한 생활을 했구나.'

맬컴은 가족의 권유를 받아들여 엘리자 무하마드에게 편지를 쓰기로 결심했다.


존경하는 엘리자 무하마드 선생님께

저는 현재 찰즈타운 교도소에 수감 중인 맬컴 리틀이라고 합니다. 저는 검은색 피부를 갖고 태어난 그 순간부터 세상을 원망했고, 제 운명을 저주했습니다. 그러면서 어렵게 사는 흑인들의 처지를 외면하고 온갖 나쁜 짓을 일삼았으며 백인 여자들과 어울려 다니면서 이기적인 삶을 살았습니다. 저는 백인들이 그토록 흑인들을 착취하고 억압하는 줄 몰랐습니다. 고통 받는 흑인의 현실을 모른 척했습니다. 오히려 저는 백인들을 닮기 위해 노력했고 그들에게 비굴하게 굽실거렸습니다.

엘리자 무하마드 선생님, 저 같은 한심한 사람도 알라신을 통해 구원받을 수 있을까요? 우리 흑인들을 위해서 의미 있는 일을 할 수 있을까요?

맬컴 리틀 올림

맬컴은 편지를 보내면서도 답장이 올 거라는 생각은 하지 않았다. 하지만 놀랍게도 엘리자 무하마드는 곧 답장을 보내왔다.

맬컴 리틀 씨에게

한창 젊은 나이에 좁은 감옥 안에서 생활하느라 고생이 많겠소. 맬컴 씨의 편지는 내게 아주 큰 감동을 주었소. 맬컴 씨, 아직 아무것도 늦지 않았소. 모든 흑인들은 자신의 처지를 깨닫고 뉘우치는 순간 구원받을 수 있소. 흑인들은 인류의 조상이고 가장 위대한 문명을 이룬 사람들이오. 알라신은 우리 흑인들에게 세계의 주인이 되라고 가르쳤소.

맬컴 씨, 당신의 죄는 당신이 지은 게 아니고 백인들이 만들어 놓은 사회가 그렇게 하도록 만든 것이오. 백인은 흑인을 억압하고 약탈하고 차디찬 땅으로 몰아내었소. 당신의 죄는 그러므로 당신의 죄가 아니오. 흑인 죄수는 백인 사회가 만들어 낸 죄의 상징일 뿐이오. 당신은 나에게 편지를 쓰는 순간 이미 모든 용서를 받았소. 감옥 안에서도 꾸준히 기도하고 알라신께 감사하시오. 당신은 이제 예전의 건달이 아니라 '알라의 사도'가 되었소.

부디 만나는 날까지 건강하시길 바라오.

엘리자 무하마드

맬컴은 '알라의 사도'라는 단어를 본 순간 온몸이 굳어 버리는 듯한 감동을 받았다.

'죄수이며 인간 쓰레기일 뿐인 자신을 이렇게 따뜻하게 격려하고 환대해 주다니.'

맬컴은 특히 흑인 죄수는 백인 사회가 만들어 냈다는 엘리자 무하마드의 말에 깊은 감명을 받았다. 이후 맬컴은 거의 매일 엘리자 무하마드에게 편지를 쓰기 시작했다. 맬컴과 무하마드는 숱한 편지를 주고받으며 서로를 굳게 신뢰하게 되었다. 맬컴은 엘리자 무하마드가 시키는 대로 매일 알라신을 향해 무릎을 꿇고 기도했고, 명상을 하며 자신의 죄를 회개했다. 교도소 안에서도 맬컴의 변화를 모두들 놀라워했다. 맬컴은 가끔 지급되는 담배와 술도 전혀 하지 않았다.

그 무렵 맬컴은 감옥 안에서 한 친구를 사귀게 되었다. 빔비라는 흑인이었는데, 그 역시 맬컴처럼 절도죄로 감옥에 들어와 있었다.

빔비는 매우 똑똑하고 아는 것이 많은 사람이었다. 맬컴은 지금까지 빔비처럼 아는 게 많은 사람을 본 적이 없었다. 그는 교도소 안에서도 언제나 책을 가까이했다. 어느 날 점심 식사 시간에 빔비가 맬컴 앞에 식판을 내려놓으며 말했다.

"맬컴, 내 눈에 자네는 한심하고 쓰레기 같은 범죄자와는 다르게 보여. 보아하니 이슬람교를 믿고있는 것 같은데…… 자네의 눈빛은 살아 있거든. 아주 밝게 빛난다네. 자네도 지금부터 공부를 해

보게."

"무슨 공부 말인가?"

"어떤 공부라도 좋다네. 우리 흑인들이 멸시받고 핍박을 받는 이유 중 하나는 스스로를 무시하는 태도에 있어. 스스로 패배감이나 열등감에 사로잡혀 있는 거지. 흑인들은 무엇보다 공부를 열심히 해야 해. 백인보다 아는 게 많고 똑똑하다면 결코 무시당하는 일은 없을 거네. 흑인들은 자포자기해서 공부를 포기하는데, 그건 아주 큰 잘못이야."

빔비의 말을 들은 맬컴은 그와 함께 교도소 도서관을 다니며 책을 읽기 시작했다. 메이슨 초등학교를 졸업한 뒤 처음으로 들여다보는 책이었다. 그렇다 보니 그동안 잊어버려서 알지 못하는 단어도 꽤 많았다. 맬컴은 모르는 단어가 나올 때마다 사전을 하나하나 찾아 가며 책을 읽었다. 모르는 단어를 익히기 위해 사전이 달려른 한 자 한 자 책에 옮겨 적기도 했다. 사람들은 맬컴의 변화를 보고 곳곳에 모여 수군거렸다.

"맬컴이 갑자기 왜 저러지? 알라신을 믿더니 정신이 어떻게 된 거 아냐?"

사전을 공부한 덕분에 어휘력이 늘어나자 맬컴은 어떤 책을 읽어도 그 내용을 모두 이해할 수 있게 되었다. 맬컴이 주로 읽은 책은 역사, 철학, 종교, 정치에 관한 서적들이었다. 책 속에는 무한한 지식과 진실이 숨어 있었다.

맬컴은 알라신과 책이라는 두 세계로 깊이 빠져들어 갔다. 그리고 그 두 세계로 인해 자기 앞에 새로운 삶이 열리고 있음을, 그리고 자신이 새 사람으로 다시 태어나고 있음을 온몸으로 느낄 수 있었다.

# 석방, X라는 성을 받다

1952년 봄, 매사추세츠 주 가석방 위원회는 맬컴 리틀을 석방하기로 결정했다. 7년 동안의 기나긴 감시와 통제에서 벗어나는 순간이었다. 맬컴은 이 기쁜 소식을 알리기 위해 엘리자 무하마드와 동생 레지널드에게 편지를 썼다.

엘리자 무하마드 선생님께

제가 드디어 깊디깊은 어둠의 수렁에서 빠져나와 출소를 하게 됐습니다. 모두 알라신과 선생님의 은혜 덕분입니다. 저는 선생님의 가르침대로 감옥 안에서 매일 기도와 명상을 했습니다. 그리고 이제는 알라신께 제 삶을 받치겠다는 결심을 하게 됐습니다. 사회에 나가면 알라신을 위해, 우리 흑인들을 위해 일하고 싶습니다. 선생님은 제 삶을 바꾸어 놓은 분입니다. 아니 제 삶을 구원하신 분입니다. 그 은혜를 저는 제 목숨을 걸고라도 갚고 싶습니다.

사랑하는 동생 레지널드에게

못난 형이 이제 석방의 날을 맞게 되었다. 그동안 가족들의 뜨거운 관심과 사랑이 아니었다면 나는 아마 살아남지 못했을 거야. 가족의 사랑을 난 잊을 수가 없다. 더욱이 네 덕분에 새로운 신을 영접하게 되었어. 백인의 종교를 버리고 우리 흑인의 종교를 알게 되었지. 레지널드, 이제 형은 가족을 위해, 우리 흑인을 위해, 알라신을 위해 남은 삶을 바칠 거야. 형의 삶을 계속 지켜봐 주렴.

감옥에서 풀려난 맬컴은 언제나 엄마처럼 따뜻한 정을 베풀어 주었던 엘라 누나를 가장 먼저 만나러 갔다. 엘라 누나는 맬컴이 알라신을 영접하기 전까지 정신적으로 맬컴에게 가장 큰 위로가 되어 준 사람이었다. 엘라 누나는 맬컴을 보자마자 울음을 터뜨렸다.

"맬컴, 얼마나 고생이 많았니? 응, 힘들었지?"

"아니에요, 누나. 저 때문에 누나가 힘드셨죠. 이제 저 말썽 피우지 않고 착하게 살 거예요."

"그래, 맬컴. 넌 원래 나쁜 짓을 할 녀석이 아니야. 이제 정신을 차렸구나. 그래, 앞으로는 무얼 할 생각이니?"

맬컴은 잠시 생각을 해 보고는 대답했다.

"저는 이제 알라신을 위해서, 엘리자 무하마드 선생님을 위해서 뭐든지 하고 싶어요. 일단 많은 사람들에게 알라신의 말씀을 전하고 싶어요."

맬컴의 말을 듣는 엘라 누나의 표정이 약간 어두워졌다. 맬컴의 가족 중 유일하게 이슬람교로 개종하지 않은 사람이 엘라 누나였기 때문이었다.

"그래, 네가 어떤 신을 섬기든 그건 네 자유지만 신중하게 생각했으면 좋겠구나. 종교를 위해 살기엔 넌 아직 젊어. 아직 서른 살도 안 됐잖아. 할 일이 많다고."

"네, 알았어요. 엘라 누나, 제 걱정은 마세요. 저는 이제 전과는 다른 사람이에요. 다시 태어났다고요."

엘라 누나와 헤어진 맬컴은 디트로이트에 살고 있는 윌프레드 형을 찾아갔다. 윌프레드는 맬컴의 형제들 중 가장 큰형으로 언제나 든든하게 집안의 기둥 역할을 하고 있었다. 윌프레드 형은 자신이 일하고 있는 가구점에 일자리를 하나 만들어 놓고 동생 맬컴이 석방되기만을 기다리고 있었다.

윌프레드 역시 동생들의 영향을 받아 이미 이슬람교로 개종한 상태였다. 윌프레드는 맬컴을 반갑게 맞아 주었다.

"맬컴, 어서 와라. 너도 알라신을 믿으면서 새 사람이 되었다며? 축하한다."

"형, 고마워요. 다 가족 덕분이에요."

맬컴은 윌프레드와 가구점에서 함께 일하면서 매주 목요일, 금요일, 일요일 저녁에 디트로이트 이슬람 사원에서 열리는 흑인 이슬람교단 집회에 참석해 정성껏 알라신께 예배를 드렸다. 이슬람교도로서 본격적으로 신앙생활을 시작한 것이다. 맬컴은 이슬람 사원에서 많은 흑인들을 만나 보고는 깊은 감명을 받았다. 그들은 보스턴이나 뉴욕의 유흥가에서 만났던 흑인들과는 너무나 달랐다. 모두들 평화로워 보였고, 세심한 예의를 갖추고 서로를 진심으로 대하고 있었던 것이다. 서로 나누는 인사말에도 사랑이 넘쳐 났다. 그들은 서로를 형제 혹은 자매라고 부르고 있었다. 특히 흑인 남자 신도들은 흑인 여자 신도들에게 깍듯하게 예의를 갖춰 대했다. 그런 모습은 맬컴이 예전에 겪었던 수많은 기독교인들의 모습에서는 볼 수 없는 것들이었다.

맬컴은 디트로이트 이슬람 사원에서 열성적으로 신앙생활을 하면서 금욕적인 생활을 해 나갔다. 직장 일 때문에 손님을 만날 때면 예의상 술을 함께 마시거나 담배를 피워야 할 상황도 있었지만, 맬컴은 한 모금의 술도 한 개비의 담배도 입에 대지 않았다. 마약이 없으면 생활할 수 없었던 10여 년 전의 맬컴을 생각하면 그것은 참으로 놀라운 변화였다.

1952년 4월, 맬컴은 드디어 꿈에도 그리던 엘리자 무하마드를 만나기 위해 시카고로 향했다. 디트로이트 이슬람 제1사원의 신도들과 함께 엘리자 무하마드가 머무르고 있던 시카고 이슬람 제2사원으로 향하는 맬컴의 가슴은 설렘과 기쁨으로 벅차올랐다.

마침내 시카고 제2사원에 도착한 맬컴은 엘리자 무하마드와 대면했다. 편지로만 만나던 인생의 은인이었다. 엘리자 무하마드는 감격 어린 목소리로 말했다.

"오, 나의 사도여, 어서 이리로 오라."

"네, 선생님. 제가 건달이었고 인간 쓰레기였던 맬컴 리틀입니다."

"아니오. 사도는 이제 건달도 아니고 인간 쓰레기도 아니오. 알라신이 사랑하는 아들일 뿐이오."

"네, 저도 그렇게 믿고 있습니다. 감사합니다, 선생님."

맬컴의 눈에서 감격의 눈물이 흘러내렸다. 맬컴은 진정으로 자신의 영혼이 따뜻하게 위로받고 있음을 느꼈다. 엘리자 무하마드는 자상한 목소리로 말했다.

"맬컴 사도는 이제 성을 바꾸도록 하시오. '리틀'은 노예로 끌려왔던 사도의 조상에게 백인이 지어 준 수치스러운 성이오. 맬컴 사도의 조상은 누군지 알 수 없지만, 틀림없이 아프리카의 순결한 문명인이었을 것이오. 그러니 사도의 성을 이제부터 'X(엑스)'로 바꾸시오. 미지의 조상을 상징하는 성이오. 이제 사도의 이름은 맬컴 리틀이 아니라 맬컴 X인 것이오."

"네, 엘리자 선생님. 제 이름은 이제부터 '맬컴 X'입니다."

엘리자 무하마드로부터 'X'라는 새로운 성을 받은 맬컴은 이제 더 이상 백인을 흉내 내기 바쁜 시골 출신 건달이 아니었다. 그는 열정으로 온몸을 바쳐 이슬람 사원을 위해 일했다. 맬컴에게 주어진 일은 흑인 이슬람 교단의 신도를 모집하는 일이었다. 맬컴은 신도를 모으기 위해 이곳저곳 뛰어다니며 정열적으로 포교 활동을 벌였다. 주로 흑인들이 모여 사는 대도시의 할렘가를 돌아다녔는데, 그것은 가장 가난하고 핍박받는 흑인들에게 새로운 세계를 보여 주고 희망을 선사하고 싶었기 때문이었다. 맬컴은 과거 자신이 그랬던 것처럼 백인들에게 세뇌당하여 그들의 착취에 속수무책으로 당하기만 하는, 그리고 패배주의에 빠져 자신의 삶을 망치는 흑인들을 찾아가서 설득했다.

"형제 자매 여러분, 백인은 우리의 적입니다. 그들은 악마입니다. 백인은 결코 우리 흑인을 자신들의 이웃으로, 같은 시민으로 인정하지 않습니다. 그들은 마음속 깊이 우리 흑인들을 경멸하고 무시합니다. 백인들은 총과 칼로 위협해 우리의 선조를 아프리카에서 끌고 와서 노예로 부렸습니다. 그 과정에서 천만 명의 흑인들이 백인의 손에 의해 살해됐습니다. 백인은 그런 만행을 저지르고는 성경을 들려주면서 원수를 사랑하라고 가르칩니다. 한쪽 뺨을 맞으면 다른 쪽 뺨을 내밀라고 가르칩니다. 그런 기독교의 가르침은 위선입니다. 그들은 자신들이 우리 흑인들보다 우월하다는 생각을 버리지 않고 있습니다. 하지만 우리 흑인들은 결코 백인들보다 열등하지 않습니다. 알라신은 흑인이 이 세계의 중심이라고 말씀하십니다. 알라신은 가난하고 핍박받는 자들의 편에 서 있습니다. 알라신을 당신의 신으로 영접하십시오. 백인들은 흑인들을 짓밟는 악마입니다. 알라신에게 오십시오."

하지만 맬컴의 설교는 많은 사람들에게 오해를 샀다. 미치광이라고 욕하는 흑인들도 많았다. 어떤 흑인은 이렇게 말하기도 했다.

"백인이 악마라고? 우린 지금 백인 덕분에 일도 하고, 그들 때문에 좋은 옷도 입고 좋은 차도 탈 수 있단 말이야. 백인들은 우리 흑인들을 미워하지 않아."

맬컴은 백인의 가르침에 세뇌당해 백인과 흑인은 서로 동등한 관계로 사이좋게 지낼 수 있다는 헛된 믿음을 가진 흑인들을 보며 무척 가슴이 아팠다. 하지만 맬컴은 포기하지 않았다. 온몸을 바쳐 목이 터져라 연설을 했다. 때로는 밥을 굶어 가며, 차디찬 눈보라를 견뎌 가며, 거리를 지나가는 흑인들에게 흑인의 정체성을 깨우치는 설교를 계속해 나갔다.

"노예 제도가 생긴 이래 미국의 백인들은 대다수의 흑인들을 뜨거운 들판이나 공장에서 혹사시켰습니다. 그러고는 소수의 흑인들을 가까이에 거느리고는 특별한 대접을 해 줬습니다. 백인들은 큰 아량이라도 베푸는 것처럼 그들에게 '집 안'이나 '정원' 일을 시키며 특별한 하인으로 취급했던 것입니다. 백인은 자신의 부유한 식탁에서 남은 빵 부스러기를 그들에게 던져 주고, 부엌에서 먹도록 허락하기까지 했습니다. 그런 특별한 대접을 받으며 흑인들은 자신이 노예로 끌려왔다는 사실을 잊게 되었고, 백인들을 훌륭하고 정의로운 주인님이라고 생각하게 되었습니다. 그리고 백인에게 '주인님은 정말 선량하고 훌륭한 분입니다'라고 말하며 순종하게 되었습니다. 이처럼 우리 흑인들은 그동안 철저하게 백인들에게 세뇌당했습니다. 기독교는 흑인에게 백인에 저항하지 말라고 가르쳤습니다. 하나님이 모든 것을 판단하고 나중에 천국으로 이끌 것이니 고통을 참으라고 가르쳤습니다. 백인의 꼭두각시인 흑인 지도자들, 목사들도 그렇게 외쳤습니다. 하지만 그 모든 것은 거짓이고 기만일 뿐입니다. 우리 흑인들은 여전히 백인들에게 끔찍한 학대와 착취를 당하고 있는 것입니다. 우리 흑인들은 알라신을 받들고 아프리카로 돌아가야 합니다."

## 4장

# 흑인 해방 운동에 앞장서다

# 사랑하는 여인 베티와의 만남

시간이 지날수록 맬컴의 명성은 널리 퍼져 나갔다. 그럴수록 맬컴은 자만하지 않고 겸손하게 거리에 나가 포교 활동과 연설을 계속했다. 흑인 이슬람 교단에서 맬컴의 위치는 점점 더 확고해졌다. 맬컴의 연설을 듣기 위해 거리와 강연장에는 숱한 인파가 모였고, 맬컴의 이름이 신문과 방송에까지 오르내렸다. 엘리자 무하마드는 매사에 충직하고 헌신적인 맬컴에게 미시간과 뉴욕의 할렘 같은 곳에 새로운 사원 건립의 중책을 맡겼다. 그때마다 맬컴은 자신에게 주어진 일을 성공적으로 수행했다. 맬컴은 신문의 칼럼과 라디오, 그리고 TV를 통해 미국 전역에 이슬람교의 교리를 전파하는데 최선을 다했다. 특히 텔레비전 프로그램에 출연하여 이슬람교

가 왜 흑인의 종교인지를 널리 홍보했다. 이후 맬컴은 이슬람 교단
에서뿐만 아니라 전국적으로 유명 인사가 되었다. 또한 흑
인 이슬람 교단 안에서 엘리자 무하마드에 이어 명실상
부한 2인자의 자리에 올라섰다. 맬컴은 지위가 올라
갔지만 그럴수록 더욱 겸손하고 청빈하게 생활
하면서 신앙심을 키우고, 오로지 이슬람 교단
을 확장시키는 데 심혈을 기울였다. 여전히
술과 담배, 마약, 돼지고기를 멀리했고, 매일

알라신을 향해 기도하면서 철저하게 금욕적인 생활을 해 나갔다.

하지만 맬컴도 고된 하루 일과를 마치고 깊은 밤에 혼자 아파트에 들어설 때면 외로운 감정이 물밀듯이 밀려들었다. 사람의 온기가 몹시 그리웠다. 맬컴은 젊은 시절의 방탕한 생활을 통해 여자에게 빠지는 것이 얼마나 위험한 일인지 잘 알고 있었기에 일부러 여자를 가까이 하지 않았다. 마치 결벽증이라도 있는 사람처럼 여자를 멀리했다. 맬컴을 아끼는 주변 사람들은 맬컴이 정신적으로 안정된 상태에서 일을 해 나갈 수 있기를 바랐다. 모두들 맬컴에게 여자 친구를 사귀는 것이 어떻겠냐고 권유했다. 그럴 때마다 맬컴은 시간이 없다는 이유로, 지금은 포교에 전념해야 할 때라는 이유로 그들의 권유를 물리쳤다.

1956년 어느 날, 베티라는 여신도가 맬컴이 맡고 있던 뉴욕의 제7사원에 발을 들여놓았다. 베티는 키가 크고 갈색 피부에 밤색 눈동자를 가진 아름다운 흑인 여자였다.

베티는 디트로이트에서 태어났고, 대학에서 교육학을 전공한 후 뉴욕의 어느 큰 병원 부속 간호 학교에 다니고 있었다. 그녀가 제7교단에 온 것은 이슬람 교단의 여신도들에게 위생학과 실용 의학에 대한 강의를 하기 위해서였다. 물론 베티 자신도 알라신을 믿는 이슬람교도였다.

맬컴은 가끔 베티의 강의실에 들러 여신도들이 강의를 듣는 태도가 어떠냐고 물었다. 베티는 그때마다 짧게 대답하곤 했다.

"아주 좋아요, 목사님!"

맬컴 역시 짧게 대답했다.

"그럼 수고하세요."

그런데 그런 짧은 대화를 나누면서 두 사람의 마음속에서는 어느 덧 서로에 대한 호감이 싹트기 시작했다. 맬컴은 그러나 쉽게 마음을 열지 않았다. 지금은 여자에게 신경을 쓸 때가 아니라, 흑인 이슬람 교단을 확장시키는 데 힘을 기울일 때라고 생각했기 때문이다.

그러던 어느 날, 맬컴은 베티와 단둘이서 박물관에 가게 되었다. 처음으로 둘이서만 갖게 된 시간이었다. 박물관 관람을 하는 동안 맬컴은 베티에게 이것저것을 물어보았다. 베티의 지성을 알아보고 싶어서였다. 베티는 자신의 지식과 생각을 차근차근 논리 정연하게 설명했다. 맬컴은 베티의 지성과 교양에 감동을 받았다. 그리고 자신도 모르는 사이에 베티라는 여자에게 끌리고 있음을 깨달았다.

그 일이 있고 얼마 뒤, 맬컴은 베티와 친하게 지내는 여신도에게서 베티의 개인 사정을 들을 수 있었다.

"베티의 부모님이 베티에게 이슬람교를 계속 믿으면 학비를 대 주지 않겠다고 하면서 이슬람 교단에서 나오라고 명령했대요."

"아, 그런 일이 있었군요."

맬컴은 베티가 부모님으로부터 학비를 받기 위해 이슬람 교단을 떠나지 않을까 염려스러웠다. 하지만 맬컴의 우려와는 달리 베티는 꿋꿋하게 이슬람 교단의 집회에 참여하고 있었다. 맬컴은 그때부터 베티를 진심으로 좋아하게 되었다.

'베티는 자신의 종교적 신념을 개인적인 일 때문에 저버리지 않는 여자구나.'

하지만 그때까지도 맬컴이 베티를 결혼 상대로 생각한 것은 아니었다. 맬컴은 자신의 삶은 이미 알라신의 것이라고 생각했다. 하지만 사원의 복도나 식당에서 베티와 마주칠 때마다 맬컴은 마음이 흔들렸다. 맬컴은 이 문제를 해결하지 않고서는 더 이상 아무 일도 할 수 없음을 깨달았다.

맬컴은 일요일 집회를 마치고 형 윌프레드를 만나기 위해 디트로이트로 차를 몰았다. 고속 도로를 달리며 바람을 쐬면서 복잡한 생각을 정리하고 싶었다. 차창으로 시원한 바람이 들어와 맬컴의 이마에 부딪쳤다.

'그래, 더 이상 머뭇거리지 말자. 결정은 빠를수록 좋은 거야. 내가 지금 이렇게 한가한 고민에 잠겨 있을 때가 아냐. 베티는 신앙심이 두텁고 또 지혜로운 여자야. 내가 하는 일을 충분히 이해하고 뒷받침해 줄 수 있는 여자야. 결혼해 달라고 해야겠어. 그런데 그녀는 나를 어떻게 생각하고 있을까?'

그때 맬컴의 눈에 주유소의 공중전화 부스가 보였다. 맬컴은 급히 차를 세운 뒤 공중전화 부스로 달려갔다. 그리고 베티에게 전화를 걸었다.

전화선 너머에서 그토록 보고 싶던 베티의 목소리가 들려왔다.

"안녕하세요, 목사님."

맬컴은 머뭇거림 없이 서둘러 용건을 이야기했다.

"저, 나와 결혼할 생각 없소?"

베티는 맬컴의 말을 듣고 무척 놀랐다. 하지만 곧 네, 라는 대답을 했다. 맬컴은 떨 듯이 기뻤다. 맬컴은 베티에게 지금 곧 결혼식을 올리기 위해 디트로이트로 와 줄 수 있느냐고 물었다.

"네, 지금 출발할게요."

그녀는 곧바로 비행기를 타고 디트로이트로 와서 맬컴과 만났다. 그들은 디트로이트에 살고 있는 베티의 부모를 만나 인사한 후 맬컴의 형인 윌프레드에게 가서 인사했다.

결혼식은 다음 날 열렸다. 베티의 부모님과 윌프레드 형 부부, 그리고 가까운 친척들만 초대되었다. 맬컴과 베티는 소박하게 결혼식을 올렸다. 맬컴이 서른세 살이 되던 1958년 1월 14일의 일이었다. 맬컴이 진정으로 사랑하는 사람을 만나 따뜻한 가정을 이루는 순간이었다.

맬컴 부부는 곧바로 뉴욕으로 돌아왔다. 그들의 결혼 소식은 이슬람 교단의 모든 사람들에게 놀라움을 안겨 주었다. 몇몇 신도들

은 마치 맬컴이 자신들을 배신이라도 한 듯 섭섭한 눈으로 바라보기도 했다.

1958년 11월에 첫딸 아틸라가 태어났다. 그 이름은 로마 제국을 약탈한 훈족의 왕 아틸라에서 따온 것이었다. 1960년 성탄절에 둘째 딸 큐빌라가 태어났고, 1962년 7월에 셋째 딸 일라사가, 1964년에 넷째 딸 아라미가 태어났다. 모두가 예쁘고 사랑스런 딸들이었다.

맬컴은 아내와 네 딸을 깊이 사랑하는 훌륭한 가장이었고, 베티 역시 훌륭한 아내이자 부지런한 엄마였다. 이미 이슬람 교단에서 중요한 지도자로 떠오른 맬컴은 언제나 일 때문에 바빴지만, 베티는 불평 한마디 하지 않고 아이들을 돌보며 맬컴이 흑인 이슬람 교단 일에 집중할 수 있도록 도왔다. 맬컴이 집에 오는 날이 일주일 중 절반도 안 되고 1년에 5개월씩이나 다른 나라에 출장을 가기도 했지만, 베티는 이 모든 것을 이해하고 받아들였다. 또한 맬컴이 멀리 있는 도시에서 전화를 하면, 그가 집안 걱정을 하지 않도록 세심하게 배려했다.

"저는 별일 없이 잘 지내요. 당신 일이나 잘 마무리하세요. 몸은 멀리 있지만 우리 마음은 언제나 함께 있잖아요."

맬컴은 이런 베티를 만난 것이 모두 알라신의 뜻이라고 생각했다.

# 엘리자 무하마드와의 결별

안정된 가정을 꾸린 맬컴은 더욱 열정적으로 흑인 이슬람 교단을 성장시키기 위해 노력했다. 그러면서 맬컴은 흑인의 자유와 해방을 위한 자신의 이론을 하나하나 정리하고 완성해 나갔다.

맬컴이 원하는 흑인 해방의 방향은 '분리주의'에 있었다. 분리주의란, 백인과 흑인은 애초부터 인종이 다르고 성향도 다르고 문화적 차이에 따라 가치관도 다르니 차라리 흑인과 백인이 분리되어 각자 독립적으로 살아가는 게 옳다는 주장이었다. 맬컴은 그 무렵 한 집회의 연설에서 이렇게 말했다.

"백인으로부터 흑인은 분리되어야 합니다. 그것이 우리의 문제를 풀 수 있는 유일한 해결책입니다. 백인들은 결코 우리 흑인들과 평등하게 사는 것을 원하지 않습니다. 그러므로 우리 흑인들은 백인들과 통합될 수 있다는 헛된 꿈을 버려야 합니다. 우리는 우리 흑인들만이 살 수 있는 장소를 요구해야 합니다. 백인들은 우리 흑인들에게 영토를 줘야 합니다. 우리가 원하는 것은 직업이 아니라 땅입니다. 우리는 우리들만이 살 수 있는 몇 개의 주로 완전히 분리되거나, 아니면 우리의 원래 고향인 아프리카로 돌아가야 합니다."

이러한 맬컴의 주장은 주위로부터 각각 다른 반응을 얻어 냈다. 백인들에게 착취와 억압을 받아 온 흑인 빈민 계층은 맬컴의 주장에 열렬한 지지와 환영을 보냈다. 하지만 백인들로부터 어느 정도 대접을 받으며 우호적으로 살고 있는 중산층의 흑인들, 그리고 기독교를 믿는 흑인들은 맬컴의 분리주의 주장이 허무맹랑하고 과격하다고 주장했다. 백인들이 맬컴을 비난한 것은 두말할 나위가 없었다.

신문과 방송도 맬컴에게 불리한 기사와 보도를 내보냈다. 신문과 방송 역시 백인들이 지배하고 있었으니 그들이 맬컴에 대해서 우호적인 보도를 할 리 없었다. 하지만 맬컴은 조금도 양보하지 않고 분리주의와 흑인들의 독립을 강력하게 주장했다.

"우리에게 영토를 달라는 주장은 결코 과격한 주장이 아닙니다. 그것은 우리의 권리를 스스로 찾고자 하는 노력일 뿐입니다. 그동안 백인들의 온갖 폭력으로 수천만 명의 흑인 형제들이 목숨을 잃었습니다. 그들은 백인들에게 순종하지 않고 저항했다는 이유로 그렇게 숨져 간 것입니다. 이제 우리는 백인과 함께 어울려 사는 꿈을 포기합니다. 우리에게 우리만이 살 수 있는 영토를 주시오."

맬컴은 점점 더 과격한 표현을 써 가면서 자신의 주장을 강력하게 밀어붙였다. 어떤 연설에서는 백인의 폭력에 맞서기 위해 흑인도 폭력을 사용해야 한다고 말했다. 그러자 언론들은 기다렸다는 듯이 이 말을 인용하며 맬컴을 공격하기 시작했다.

"맬컴 X는 폭력을 옹호하는 정신병자다."

언론들은 맬컴에게 '폭력주의자', '과격한 선동가', '테러리스트', '흑인우월론자' 등의 살벌한 별명을 갖다 붙였다. 하지만 맬컴은 결코 자신의 신념을 굽히지 않았다. 한 신문사의 기자가 맬컴에게 흑인이 자신의 권리를 위해서 폭력을 사용하는 것은 올바른 태도가 아닌 것 같다고 말하자, 맬컴은 화를 내며 이렇게 대답했다.

"백인에게 흑인이 저항하지 말라는 것은, 강간당하는 사람에게 저항하지 말고 그대로 강간범을 받아들이라는 말과 같습니다. 그게 말이 되나요? 강간당하는 자의 입장에서는 폭력을 써서라도 자신의 정조를 지켜야 합니다. 백인은 흑인의 등에 10센티미터의 칼을 꽂은 뒤 2센티미터만 빼 주고는 아량을 베푼 듯이 참고 살라고 말합니다. 흑인의 등에는 여전히 8센티미터의 칼이 꽂혀 있는데 말이죠. 근본적인 해결책은 칼을 모두 빼 주는 거 아닌가요?"

맬컴의 말과 행동이 언론에 연이어 소개되면서 맬컴의 이름은 엘리자 무하마드의 명성을 앞지르기 시작했다. 하지만 맬컴은 그런 것에는 아무런 관심이 없었다. 그는 오로지 엘리자 무하마드와 이슬람교도를 위해 사심 없이 정열적으로 일했다. 까다로운 사업도 전담하다시피 했고, 이슬람교에 대해서 오해하고 있는 반대파들을 직접 만나서 설득하는 일도 맡아서 했다.

1961년, 엘리자 무하마드가 병에 걸렸을 무렵이었다. 맬컴은 흑인 이슬람 교단 안에 자신에 대해 좋지 않은 소문을 퍼뜨리는 사람들이 있다는 소문을 들었다. 누가, 무엇 때문에 그런 소문을 퍼뜨리고 다니는지 맬컴은 그 내막을 짐작할 수 있었다. 자신의 인기가 올라가는 것을 시기한 사람들이 자신을 음해하기 위해 의도적으로 거짓말을 지어 퍼뜨리는 것이었다. 맬컴을 진심으로 따르는 사람들은 맬컴의 신변을 염려하며 조언을 했다.

"맬컴, 당신이 이슬람 교단을 장악하려 한다는 소문이 있어요. 당신을 해치려는 사람들이 많아요. 앞으로 말과 행동을 좀 조심하는 게 좋을 것 같아요."

"나를 모함하는 건 그 사람들의 인격이 형편없기 때문이오. 나로선 내 신념을 밀고 나갈 수밖에 없어요. 진실은 오직 알라신만 아실 거요."

맬컴은 주변의 모함과 음해에도 불구하고 흑인 이슬람 교단의 교세를 넓히는 데 그의 모든 열정을 쏟아부었다. 맬컴은 여전히 무하마드를 선생님으로서 진정으로 존경하였고, 그의 뜻을 대중에게 전달하는 데 최선을 다하였다.

전국을 돌아다니며 조직원을 모집하고 사원을 건설하였으며, 흑인들이 '분리'를 원한다는 분리주의 이념을 지속적으로 전파했다. 무하마드도 이러한 노력을 인정하여 1963년 흑인 이슬람 교단 최초로 맬컴을 '전국 흑인 이슬람 교단 최고 지도자'로 임명하였다. 이는 어느 누구도 받아 본 적이 없는 특별한 칭호였다.

1963년 11월 22일, 미국의 대통령 존 에프 케네디가 암살되는 사건이 발생했다. 대부분의 미국 사람들이 젊고 유능한 대통령을 잃고 깊은 슬픔에 잠겨 있을 때, 어떤 신문사 기자가 맬컴을 찾아가 소감을 물었다.

"맬컴 X 씨, 케네디 대통령이 암살당한 것에 대해 어떻게 생각하시나요?"

맬컴은 기자가 질문한 의도를 알지 못한 채 솔직하게 대답했다.

"케네디 대통령이 죽은 것은 개인적으로는 슬픈 일이지만, 그것은 백인 중심의 미국에 대한 알라신의 심판입니다. 말하자면 백인들의 자업자득입니다."

하지만 이 말은 맬컴의 실수였다. 이 말은 맬컴의 반대파들이 그를 과격한 폭력주의자로 내모는 결정적인 빌미가 되었다. 평소 맬컴을 비난하는데 혈안이 돼 있던 미국 언론들은 앞다투어 맬컴의 말을 기사화했다.

"맬컴 X, 케네디 대통령의 죽음을 자업자득이라고 표현함."

이 일을 계기로 맬컴에 대해 우호적이던 사람들도 맬컴과 흑인 이슬람 교단을 비난하기 시작했다. 비극적으로 죽은 대통령에 대해서 어떻게 그렇게 냉정하게 말할 수 있느냐는 것이었다.

흑인 이슬람 교단에 대해서도 연일 언론의 공격이 가해졌다. 맬컴도 뒤늦게 자신의 말이 심했다는 것을 인정했지만 이미 때는 늦었다. 엘리자 무하마드는 맬컴에게 90일 동안 침묵하라고 명령했

다. 일종의 처벌이었다. 맬컴은 그 처벌을 묵묵히 받아들였다. 하지만 속으로는 여전히 자신이 잘못한 게 없다고 생각했다.

1964년 3월 8일, 맬컴은 갑자기 이슬람 교단에서의 탈퇴를 선언했다. 맬컴의 이슬람 교단 탈퇴는 많은 사람들에게 놀라움을 안겨 주었다. 맬컴이 온몸을 바쳐 열정적으로 뛰어다니며 키운 이슬람 교단을 떠나기로 결정한 가장 큰 이유는, 그가 믿었던 지도자 엘리자 무하마드의 비리가 만천하에 드러났기 때문이었다.

그 무렵 이슬람 교단 안에서는 엘리자 무하마드가 자신의 여비서를 겁탈했다는 소문이 끊이지 않고 있었다. 맬컴은 처음에는 그 말을 믿지 않았다. 자신의 삶에 구원의 빛을 주고 알라신과 자신을 연결시켜 준 엘리자 무하마드가 그런 파렴치한 일을 벌였을 리가 없다고 생각했다. 하지만 그 소문은 사실로 드러났다. 맬컴은 신성한 이슬람 교단 안에서 추악한 소문이 사라지지 않고 계속 떠돌자, 이를 확인하기 위해 무하마드에게 겁탈당했다는 여신도들을 직접 만났다. 그리고 여신도들에게서 무하마드가 자신들을 겁탈했다는 말을 듣게 되었다.

"선생님께서…… 저희들을 강제로…… 겁탈하셨어요. 지금도 그날의 일을 생각하면 몸서리가 쳐져요."

그들의 말은 맬컴에게는 엄청난 충격이었다.

'엘리자 무하마드 선생님이 어떻게 이럴 수가······.'

맬컴은 자신이 12년 간 신명을 바쳐 충성해 온 엘리자 무하마드에게 깊은 배신감을 느꼈다. 하지만 그건 사람에 대한 실망이고 배신감일 뿐이었다. 알라신에 대한 믿음만큼은 여전히 확고했다. 맬컴은 여전히 흑인 이슬람 교단과 자신의 임무를 사랑했다. 하지만 이슬람 교단의 주변 상황은 맬컴에게 불리하게 돌아가고 있었다.

당시 맬컴은 흑인 이슬람 교단 안에서 거의 소외되어 있었다. 맬컴은 주로 바깥에서 활동하며 포교와 교세 확장에 전념했기 때문에 이슬람 교단의 조직이 어떻게 돌아가는지에 대해서는 어두웠다. 맬컴이 교세 확장에 힘쓰는 동안 맬컴의 인기를 시기한 조직원들은 무하마드와 맬컴을 이간질시키고 맬컴을 음해하기 위해 거짓 소문을 퍼뜨렸다.

'맬컴은 흑인 이슬람 교단을 손아귀에 넣으려 한다. 그는 무하마드의 가르침이 자신의 가르침인 것처럼 말하고 다니면서 자신을 위한 왕국을 세우려고 애쓰고 있다.'

맬컴은 엘리자 무하마드에 대한 실망과 조직 내부의 갈등 때문에 괴로워하다가, 결국 자신이 그토록 헌신적으로 키워 온 흑인 이슬람 교단을 탈퇴하기로 결심했던 것이다.

# 성지 순례, 흑인 해방 운동의 방향 전환

맬컴은 엘리자 무하마드의 비리와 부정에 배신감을 느끼기 전까지 그를 위해 헌신적으로 일했다. 그를 위해서라면 자신의 목숨까지도 바칠 수 있다고 생각했다. 하지만 엘리자 무하마드는 겉과 속이 다른 추악한 위선자에 불과했다. 맬컴은 가슴이 아팠다. 그토록 믿었던 엘리자 무하마드가 부정한 사람이라는 사실, 그리고 자신이 형제 자매라고 부르며 그토록 사랑했던 신도들까지 자신을 음해하고 모함했다는 사실이 견디기 힘들었다. 오로지 아내 베티만이 맬컴을 위로하고 지지할 뿐이었다.

"당신은 언제나 정직하고 당당하게 일했어요. 알라신은 그걸 알 거예요. 너무 괴로워하지 마세요."

"그래, 고마워요, 베티."

맬컴은 혼란스러운 생각들을 정리하기 위해 신앙의 힘에 의지하기로 했다. 그리고 마침내 성지 순례를 떠나기로 결정했다.

'그래, 메카로 가자. 알라신이 계신 메카에 가면 내 생각들이 다 정리가 될 거야.'

맬컴은 베티에게 자신의 생각을 말했다.

"베티, 나, 메카에 다녀올게요. 성지에 다녀오면 혼란스러운 생각들이 정리될 거요. 틀림없이 알라신께서 내게 영감을 주실 거요."

착한 베티는 남편과 오랫동안 떨어져 지내야 했지만 맬컴의 청을 흔쾌히 들어주었다.

"그래요. 걱정하지 말고 메카에 다녀오세요. 그곳에서 생각들을 정리하고 오세요."

메카 순례는 맬컴의 인생에서 가장 의미 있는 시간이었다. 메카 순례를 계기로 흑인 문제를 바라보는 그의 사상에 큰 변화가 생겼기 때문이다.

1964년 4월 19일부터 5월 21일까지 맬컴은 이집트, 레바논, 사우디아라비아, 나이지리아, 가나, 모로코 등 정통 이슬람교도 국가를 순례하였다. 그 기간 중에 맬컴은 엘리자 무하마드가 지어 준 이름을 버리고 자신의 이름을 이슬람 식으로 '엘 하지 말리크 엘 샤바즈'로 바꾸었다.

맬컴이 들른 성지에서는 세계 각국에서 몰려든
순례객들이 경건한 모습으로 기도를 하고 있었
다. 그곳에서 맬컴은 성지 순례를 하기 위해
세계 각국에서 찾아든 많은 백인들을 만났
다. 그들은 맬컴을 진정한 형제로 대했고, 진
심 어린 마음에서 우러나오는 사랑과 친절
을 베풀었다. 그런 경험은 백인에 대해서

갖고 있던 맬컴의 생각을 뿌리째 뒤흔드는 것이었다. 맬컴은 성지에서 백인들을 만나 대화하고 난 후 처음으로 백인들과도 서로 이해하고 화해할 수 있음을 알게 되었다. 이 세상에 진정으로 인종차별 의식을 가지고 있지 않은 선량한 백인들이 있음을 눈으로 확인할 수 있었다. 맬컴은 성지 순례를 하는 도중 가족과 동료들에게 편지를 써 보냈다.

사랑하는 가족과 동료들에게

내가 없는 그곳에서 내 사랑하는 가족과 동지들이 잘 지내고 있는지 궁금합니다. 나는 아브라함, 마호메트, 그리고 성서에 나오는 예언자들의 고향이자 거룩한 땅인 이곳 성지에서, 모든 인종의 사람들에게서 그동안 한 번도 느껴 보지 못했던 환대와 형제애를 느꼈습니다. 지난주에는 인종의 벽을 뛰어넘어 다양한 사람들과 서로 친절을 나누면서 가슴에 기쁨이 넘쳐흐르는 것을 느꼈습니다. 이곳에 온 사람들은 모두가 형제였고 모두가 가족이었습니다. 흑인과 백인의 구별이 없었고, 동양인과 서양인의 구분이 없었습니다. 모두가 평등했고, 모두가 똑같았습니다.

나는 성스러운 도시인 메카를 방문할 수 있는 축복을 받았음을 알라신께 고맙게 생각합니다. 이곳에는 세계 각지에서 온 수만 명의 순례자들이 있습니다. 금발에 파란 눈을 한 백인에서부터 검은 피부의 흑인에 이르기까지 다양한 인종들이 있습니다. 그러나 우리는 같은 의식에 참여했고, 미국에 있을 당시에는 백인과 비백인 사이에 존재하리라고는 생각지 못했던 화합의 정신과 형제애를 발견했습니다. 나는 이번 여행에서 미국에서 온 백인 이슬람 신도들과 만나서 이야기를 나누는 동안 그들이 흑인들을 깊이 사랑하고 있다는 사실을 깨달았습니다. 그들에게서는 인종에 따라 사람을 차별하는 백인의 태도는 찾아볼 수 없었습니다. 우리는 형제애로 불타는 뜨거운 마음을 나눌 수 있었습니다.

여러분은 제 말에 아마 충격을 받을 수도 있을 것입니다. 이번 순례에서 내가 보고 경험한 것은 이전에 있어 왔던 수많은 생각들을 재정립시키고 변화시킬 것입니다. 나는 그동안 새로운 경험과 지식으로 현실을 받아들이려고 노력해 왔습니다. 나는 이번 순례를 계기로 좀 더 마음을 열고 백인들을 바라볼 것입니다. 지금도 파란 눈과 금발 머리, 흰 피부를 가진 사람들과 같은 접시로 음식을 먹고 같은 침대 혹은 같은 깔개에서 잠을 잤다는 사실이 감동적으로 다가옵니다. '알라'라는 한 신에 대한 믿음이 '흑백'이라는 개념을 우리의 마음에서 없애 주었기 때문에 우리는 모두 같은 형제들이었습니다. 나는 다시 한 번 느낍니다. 미국은 인종 문제를 없애 주는 유일한 종교인 이슬람교를 마음을 열고 받아들여야 합니다.

엘 하지 말리크 엘 샤바즈(맬컴 X)

맬컴의 편지를 받은 사람들은 하나같이 놀라움을 감추지 못했다. 지나칠 정도로 무모하고 과격한 방법으로 흑인과 백인의 분리를 주장했던 맬컴이 마음을 열고 백인들과 화합할 수 있는 가능성을 깨달았다고 말하고 있으니 놀랄 수밖에 없었다.

성지 순례는 확실히 맬컴의 사상과 가치관에 많은 변화의 계기를 만들어 주었다. 국적이 다른 사람, 피부색이 다른 인종 간에 화합이 가능함을 깨닫게 했고, 자신이 예전에 주장했던 과격한 사상의 한계와 문제점을 스스로 인정하는 계기가 되었다.

맬컴은 이 순례를 계기로 미국 내의 인종 문제에서 벗어나 보다 더 큰 화합을 위한 운동에 뛰어들기로 마음먹었다. 미국 내의 흑인 민족주의 해방 운동을 뛰어넘어 전 세계 흑인들의 인권에 대해 관심을 가지기 시작했던 것이다.

맬컴은 순례를 마치고 미국으로 돌아온 후 한 연설에서 이렇게 말했다.

"나는 이제 인종주의자가 아닙니다. 나는 모든 인종적 차별에 항의하며, 피부색을 떠나 모든 인간은 존중받을 권리가 있다고 믿습니다. 저는 전 세계 모든 인종, 인류의 평화와 화합을 위해 제 남은 삶을 바치겠습니다."

맬컴은 조심스럽게, 과격한 흑인 민족주의자에서 온건하고 합리적인 인권 운동가로의 변모를 시도하고 있었다. 맬컴은 미국에서의 흑인의 자유를 위한 운동을 흑인의 고향인 아프리카 대륙과 분리해서 생각할 수 없다는 것을 깨달았다. 맬컴은 전 세계 흑인이 자유를 얻는 것이 더욱 중요한 일이지, 미국이라는 국가 내의 흑인의 자유만을 위한 일은 별 의미가 없다고 생각했다.

사실 흑인 문제, 인종 차별 문제는 미국만 안고 있는 문제가 아니라 전 세계의 문제였다. 맬컴은 이 문제를 해결하기 위해서는 전 세계 흑인들의 단결과 통합된 운동이 필요하다고 생각했다. 맬컴은 전 세계적인 흑인 인권 운동을 조직적으로 전개하기 위해 뜻이 맞는 사람들과 아프리카 계 미국인 연합 기구(Organization of Afro-American Unity, OAAU) 설립을 준비하기 시작했다. 맬컴은 대중 연설회에 참가해서 이렇게 말했다.

"흑인의 문제는 미국만의 문제가 아닙니다. 전 세계 흑인들이 빈곤과 기아에 시달리고 있습니다. 우리는 흑인의 문제를 국제화해서 큰 테두리 안에서 바라봐야 합니다. 전 세계의 모든 인류가 똑같이 풍요롭고 평등하게 사는 것은 우리 인류에게 부여된 의무이며 과제입니다."

맬컴은 아프리카 국가들과도 활발하게 의견을 주고받았다. 이러한 맬컴의 노력에 힘입어 1965년 2월, 공식적으로 아프리카 계 미국인 연합 기구가 결성되었다. 이 기구는 전 세계적으로 탄압과 박해를 받는 흑인을 인류애의 시각에서 보호하고, 인종에 따른 여러 정치적 갈등을 풀어 나가 서로 화해하고 통합하는 큰 세계를 만드는 것을 목표로 하고 있었다.

# 맬컴의 최후와 그가 남긴 것들

　맬컴은 자신의 주도로 OAAU를 설립한 후 예전처럼 활발하게 움직였다. 그는 자신에게 드리워져 있던 과격한 혁명가, 테러리스트의 이미지를 벗어던지기 위해 백인들과도 많은 대화를 했고, 자신과는 상반된 노선에서 흑인 해방 운동을 하는 마틴 루서 킹 목사 같은 이의 의견에도 귀를 기울였다. 하지만 맬컴을 시기하는 흑인 이슬람 교단은 맬컴의 활동을 음해하고 끊임없이 훼방을 놓았다. 맬컴이 흑인 이슬람 교단을 탈퇴한 뒤 이슬람 교단의 교세가 많이 위축되었기 때문에, 이슬람 교단으로서는 새로운 기구를 설립하고 활발하게 활동하는 맬컴이 눈엣가시 같은 존재일 수밖에 없었다. 그들은 맬컴의 활동을 중단시키기 위해 맬컴을 끊임없이 협박했다.

그러다가 결국 불미스런 사건이 터졌다. 1965년 2월 14일 새벽, 미국 동부 엠허스트에 위치한 맬컴의 집에서 폭발물이 터져 집에 불이 나는 사건이 발생한 것이다.

'쿵쾅!'

맬컴의 아내 베티는 갑자기 한밤의 정적을 깨는 소리에 잠에서 깼다. 집의 모든 유리창이 깨지면서 유리들이 쏟아져 내렸고 거실에서부터 시뻘건 불길이 치솟았다. 베티는 울부짖으며 서둘러 아이들을 깨웠다.

"여보! 집에 불이 났어요. 아틸라! 큐빌라! 일랴샤! 어서 밖으로 피하렴!"

태어난 지 1년밖에 안 된 아라미는 맬컴이 이미 품에 안고 있었다. 맬컴과 베티는 잠옷 바람으로 아이들을 데리고 밖으로 피신했다. 아직 2월이라서 밖의 공기는 싸늘했다. 아이들은 기침을 해 대며 울고 있었다. 맬컴은 겁에 질린 베티와 아이들과 함께 불이 붙어 서서히 쓰러져 가는 자신의 집을 말없이 지켜보았다. 그의 눈앞에 36년 전 고향 랜싱에서 불타던 집이 겹쳐져 떠오르고 있었다. KKK단이 집에 불을 질러 어머니 루이즈와 아버지 얼의 손에 이끌려 황급히 집을 빠져나오던 그 장면. 어쩌면 이렇게 똑같을 수 있을까. 맬컴은 자신도 모르게 눈물이 흘러나왔다. 맬컴은 아이들을 꼭 껴안으며 말했다.

"얘들아, 걱정 마. 우리는 이렇게 살아 있어. 아무도 우리를 해칠 수는 없어. 내가 너희들을 지켜 줄게."

경찰에서 조사반이 나와 맬컴의 집에 폭발물을 던진 범인이 누 군지 조사했지만 사건의 전모는 쉽게 밝혀지지 않았다. 시간이 꽤 흘렀는데도 범인을 찾지 못하자, 일부 신문에서는 맬컴이 대중의 관심을 끌기 위해 자신의 집에 불을 지른 것이라는 기사를 실었다. 맬컴이 말도 안 되는 소리라고 반박했지만, 대부분의 사람들은 맬 컴에 대한 의심의 눈초리를 거두지 않았다. 맬컴은 분통이 터졌다.

'아, 세상이 너무 무섭구나. 진실을 알아주는 사람이 하나도 없다니.'

맬컴은 모든 것을 알라신의 뜻이라고 생각했다. 집에 불이 났지 만 맬컴은 예정된 강연을 취소할 수는 없었다. 백인들의 차별과 가 난과 허기에 시달리는 흑인들이 자신의 연설을 듣기 위해 기다리 고 있을 것이기 때문이었다.

'그래, 죽는 순간까지 나는 진실을 위해서 싸울 거야. 그래, 내가 할 일은 오로지 진실을 전하는 일이야. 그 일을 하다가 죽어도 난 행복할 거야.'

맬컴은 그때, 자신의 운명이 다하는 시간이 시시각각 다가오고 있음을 직감적으로 알아채고 있었다. 주변 사람들에게도 자신이 곧 살해될지도 모른다는 말을 자주 했다. 집에는 가족을 몰살시키겠다는 협박 전화가 거의 매일 걸려 와, 베티는 밤마다 두려움과 불안 때문에 잠도 자지 못한 채 벌벌 떨어야만 했다.

방화 사건이 벌어지고 일주일이 지난 1965년 2월 21일, 맬컴은 예정된 연설을 하기 위해 뉴욕 할렘가의 오듀본 볼룸 강연회장으로 갔다. 강연이 시작되기 전, 맬컴의 비서인 벤자민이 몹시 불안한 얼굴로 맬컴에게 강연을 들으러 오는 사람들의 몸을 수색하자고 건의했다.

"선생님, 만일의 사태를 대비해 입장객들의 몸을 수색하는 게 어떨까요? 요즘 선생님 주변에서 흉흉한 일들이 너무 많이 벌어져서요."

하지만 맬컴은 의연한 표정으로 말했다.

"벤자민, 이곳에 오는 사람들은 내 연설을 들으러 온 이들이야. 나의 형제들이고 나의 자매들이지. 내가 내 형제를 못 믿으면 누굴 믿겠는가."

"그래도 혹시 모르니……. 일주일 전에도 선생님 댁에서 폭발물이 터지지 않았습니까?"

"걱정 마. 모든 게 신의 뜻일 테니."

이윽고 강연이 시작되었다. 맬컴은 사회자의 소개로 강단에 올랐다. 맬컴이 특유의 호소력 있는 목소리로 연설을 시작하자 청중들은 고개를 끄덕이며 연설에 귀를 기울였다.

맬컴이 연설을 시작하고 몇 분이 지났을 때, 뒤쪽에서 작은 소동이 일어났다. 한 남자가 갑자기 소리를 지르기 시작했던 것이다.

"내 호주머니에서 손을 빼란 말이야!"

사람들이 모두 그쪽을 바라보았다. 정신이 나간 듯한 한 남자가 자신의 호주머니에서 손을 빼내려고 애를 쓰며 소리를 치고 있었다. 사실 그것은 청중의 시선을 분산시키기 위한 암살단의 치밀한 계략이었다.

사람들의 시선이 그 남자에게 쏠린 동안 맨 앞줄에 앉아 있던 정체불명의 남자 세 명이 동시에 일어나더니 맬컴을 향해 무차별 총격을 가했다. 그들은 엽총과 연발 권총 등으로 무장하고 있었다. 순식간에 총알이 맬컴의 가슴에 박혔고, 그의 턱을 깨뜨렸다. 맬컴은 의자를 쓰러뜨리면서 뒤로 넘어졌다. 맬컴의 뒷머리가 바닥에 쿵 하고 부딪쳤다.

"으악! 맬컴 선생님이 쓰러지셨다!"

강연장은 금세 아수라장으로 변했다. 청중들은 모두 엎드린 채 소리를 지르고 있었다. 그 자리에 나와 있던 베티는 소리를 지르며 강단으로 뛰어갔다. 무려 열여섯 발의 총탄을 맞은 맬컴은 이미 의식을 잃은 상태였다. 바닥은 맬컴의 피로 붉게 물들어 있었다. 간호사라고 신분을 밝힌 한 여자가 다가와 인공호흡을 했지만 맬컴의 의식은 돌아오지 않았다. 사람들이 서둘러서 인근 병원으로 맬컴을 옮겼다. 하지만 맬컴의 의식은 끝내 돌아오지 않았다. 그대로 마

지막 숨을 거두고 만 것이었다. 이렇게 해서 한 흑인 인권 운동가가 짧지만 치열했던 삶을 마감했다. 1965년 2월 21일 3시 15분의 일이었다. 그때 맬컴의 나이는 만 서른아홉 살에 불과했다.

맬컴에게 총을 쏜 암살범들은 탈마지 헤이어, 노먼 스리엑스, 그리고 토머스 피프틴엑스 존슨 세 사람으로 밝혀졌는데, 이 세 남자 모두 이슬람 교단 소속의 신도들이었다. 하지만 누가 이들에게 범행을 지시하고 이들을 훈련시켰는지는 끝내 밝혀지지 않았다.

맬컴의 사망 소식은 미국 사회에 큰 충격을 주었다. 맬컴을 지지했던 사람들은 물론 맬컴을 비난했던 사람들까지도 열정적인 삶을 살았던 젊은 흑인 지도자의 죽음을 슬퍼했다. 나중에 밝혀진 일이지만, 맬컴은 자신의 재산을 단 한 푼도 남기지 않았다. 그만큼 청빈하고 깨끗한 삶을 살다 간 것이다.

맬컴은 그가 살아 있을 때보다 죽은 후에 보다 많은 사람들의 존경과 지지를 받았다. 마틴 루서 킹 목사는 다음과 같은 애도문을 발표했다.

"맬컴의 충격적이고 비극적인 죽음에 대해 슬픔을 표하며, 비록 우리가 같은 방법으로 인종 문제를 해결하려 한 것은 아니지만 그를 좋아했으며 그가 대단한 능력을 지닌 사람이라는 것을 느꼈습니다. 맬컴은 자신의 생각을 잘 전달할 줄 아는 유창한 연설가였으며, 인종으로 인해 부딪히게 되는 어려움을 진심으로 걱정하는 사람이었습니다."

특히 그가 죽기 1년 전 성지 순례에서 돌아온 후 과격했던 흑인 해방 운동에서 벗어나 온건하고 합리적인 인권 운동가로 변모하려고 노력했던 것을 높이 평가했다. 맬컴의 삶은 이후 활발하게 재조명되어 소설, 영화, 연극의 소재가 되기도 했다.

여기서 맬컴의 생애를 같은 시기에 또 다른 흑인 인권 운동 지도자로 활동했던 마틴 루서 킹의 삶과 비교해서 살펴보는 것도 의미 있는 일이다. 두 사람은 비극적인 암살로 최후를 맞이했다는 공통점이 있지만 그들이 추구했던 흑인 인권 운동의 성격은 많이 달랐다. 맬컴과 마틴 루서 킹이 흑인의 해방과 인권 회복이라는 똑같은 목표를 두고도 그것을 이루기 위한 운동 방법이 서로 많이 달랐던 것은 그들의 출신, 성장 배경에 큰 차이가 있었기 때문이다. 마틴 루서 킹은 흑인이긴 했지만 미국 중산층 가정에서 태어나 비교적 안정된 환경 속에서 고등 교육을 받을 수 있었던 데 반해, 맬컴은 아버지를 일찍 여의고 구호 식량을 받으며 흑인 할렘가의 빈민으로 성장했다. 이러한 출신 배경은 두 사람의 가치관과 성격 형성에 서로 다른 영향을 미쳤다.

마틴 루서 킹이 흑인의 인권을 향상시키기 위해 추구했던 이상은 흑인과 백인 사회의 완전한 통합이었다. 피부색에 따라 차별하지 않고 공정한 기회를 주며 평등한 지위를 누리는 사회. 마틴 루서 킹은 그런 이상을 추구하기 위한 방법으로 평화적인 대화와 비폭력을 택했다. 하지만 맬컴은 이런 마틴 루서 킹의 이상을 불가능한 꿈으로 생각했다. 맬컴은 흑인과 백인의 통합은 백인들의 뿌리 깊은 인종 차별 의식과 백인 우월 의식 때문에 불가능하며 흑인은 백인 사회로부터 완전히 분리되어 미국 내에 흑인 자치 구역을 만들어야 한다고 주장했다. 그리고 때에 따라서는 흑인도 폭력을 사용해 백인의 폭력에 맞서야 한다고 했다.

두 사람은 대중에게 연설하는 방법도 많이 달랐다. 마틴 루서 킹은 온화하고 합리적인 연설을 해서 안정감을 심어 줘 많은 백인과 언론으로부터 호의적인 반응을 얻어 냈다. 하지만 맬컴의 연설은 매우 거칠고 선동적이었다. 그래서 언론으로부터도 많은 비난과 공격을 받았다.

두 사람을 결정적으로 다르게 보이게 한 것은 기독교와 이슬람교라는 두 사람의 종교적 배경이었다. 미국은 잘 아는 것처럼 기독교인이 대다수인 기독교 국가이다. 따라서 백인들은 자신들의 종교를 믿고 있는 킹 목사에게 보다 후한 점수를 주었다. 하지만 그와는 달리 이슬람교를 신봉하는 맬컴은 백인들에게 마치 이단아처럼 비칠 수밖에 없었다.

비록 두 사람은 서로가 추구하는 이상과 투쟁 방법이 다르고 또 서로에 대해서 오해를 하고 있었지만, 고통 받고 핍박받는 흑인들의 인권이 향상되고 흑인들이 백인의 압제에서 해방되어야 한다는 사실에 대해서는 공통된 생각을 갖고 있었다. 나중에 두 사람은 자신들의 사상과 이론에 문제가 있음을 발견하고 서로에게서 배울 점을 찾기도 했다. 두 사람이 힘을 합쳤다면 흑인 해방 운동은 어쩌면 훨씬 더 크게 부흥될 수도 있었을 것이다. 그런데 바로 그때 이들의 이상과 염원을 바라지 않는 불순한 저항 세력의 흉탄이 맬컴과 마틴 루서 킹을 쓰러뜨렸다. 마틴 루서 킹이 암살된 건 맬컴이 쓰러지고 3년이 지난 1968년의 일이다.

비록 두 사람은 비명에 갔지만, 이들이 남긴 흑인 해방 운동의 찬란한 발자취는 지금도 많은 사람의 가슴속에서 빛나는 진실이 되어 살아 숨 쉬고 있다.

사람은 누구나 태어나면서 똑같은 권리를 갖는다. 피부색이 다르다고 해서, 어느 한쪽이 가난하고 무지하다고 해서 차별하고 억압하는 것은 참다운 인간의 사회가 아니다. 맬컴의 짧지만 치열했던 삶은 바로 이 같은 진실을 우리에게 가르치고 있다.

## 작가의 말

맬컴 X는 여러 가지 측면에서 우리의 청소년들에게 강렬한 시사점을 던져 주는 사람이다. 그의 삶이 가르친 가장 중요한 가치는 무엇보다 '강한 것'에 저항하는 정신이다. 처음에 자율적이고 독립적인 정신을 갖고 태어난 인간은 강한 것들에 억눌리면서 특유의 존엄성을 잃게 된다. 인간의 자율성을 해치고 억압하는 강한 것은 무엇일까.

먼저 금력을 들 수 있겠다. 돈이 많은 것은 분명 강한 것이다. 자본주의가 세계 질서를 완벽하게 장악하고 있는 현대에 이르러 금력은 돈이 탄생된 이후 최고의 힘을 발휘하고 있는 것 같다. 사실상 현대는 돈에 의해 모든 가치가 규정되는 시대인 것이다. 두 번째로 꼽을 수 있는 강한 것은 실제적인 물리력이다. 도덕적 규범이 자리 잡고 있는 현대에 이르러 과거와 달리 큰 영향력을 발휘하지 못하지만, 상대의 힘을 압도하는 물리력은 여전히 서열을 정하는 중요한 요소로 작용한다. 세 번째로 꼽을 수 있는 것은 사회적이고 공적인 지위이다. 조직 사회라면 어디에나 직급과 직책이 있고 이에 따라 지위가 나뉜다. 예를 들어 대학 사회에서 교수는 학생들에게 절대적인 영향력을 행사하고 오케스트라에서 지휘자는 연주단원들에게 압도적인 힘을 행사한다. 그것은 지위가 있기에 가능한 것이다. 그 지위를 이용해 인간의 평등한 권한을 침해하는 사람들이 우리 주변에는 얼마나 많은가. 그 밖에도 약자들의 존엄성을 해치는 강한 것의 폭력성은 여러 가지일 텐데, 내가 생각할 때 인간을 가장 혹독하게 억압하는 것은 다름 아닌 문화적 무의식 속에 오랜 시간 동안 형성되어 온 제도화된 관념이 아닐까 한다. 이는 인종과 성별, 또는 민족에 의해 상대적으로 분류되면서 생성된 권력으로, 그만큼 인간의 역사에 깊이 뿌리내린 것이다.

맬컴 X는 바로 문화적 무의식 속에 잠재된 관념에 저항한 사람이다. 그 저항은 그래서 더욱 지난하고 어려운 일이었다. 금력에 저항하고 물리력에 저항하고 지위에 저항하는 것은, 삶의 일차적인 조건과 밀접한 관계를 맺고 있는 일이어서 얼마든지 가능한 일이다. 하지만 문화적 무의식 속에 깊이 뿌리 내린 고정 관념에 맞선다는 것은 생각처럼 쉬운 일이 아니다. 그는 노예의 신분으로 미국에 들어와서 여전히 백인들에 비해 심각한 차별을 받고 있는 흑인들의 정신적·육체적·경제적 해방을 위해 자신의 삶을 바치겠다고 결심한다. 그는 늘 억눌린 삶을 살아온 나머지 차별과 멸시를 당연한 것으로 받아들이는 흑인 동료들에게 이렇게 말한다.

"꿈을 위해 목숨 바칠 각오가 되어 있는가? 그렇지 않다면 네 사전에서 자유라는 말을 지워라. 인간이라면 자유, 평등, 정의를 스스로의 힘으로 쟁취해야 한다."

사실 책 속에서도 나오지만, 그는 평범치 않은 가정 환경에서 자라 보스턴과 뉴욕 같은 대도시의 할렘을 떠돌면서 절도와 마약 복용 등 불량한 삶을 살았다. 그러다가 감옥에 수감되어 있는 동안 사회 현실에 눈을 뜨고 자신의 삶이 떠안아야 할 몫을 자각하기에 이른다. 그리고 감옥의 어두운 전등 밑에서 수많은 책을 읽으면서 지적 통찰의 바탕을 마련한다. 어렵고 힘든 환경에 처한 사람일지라도 능동적으로 자신의 운명을 개척하는 것이 그 자신에게뿐만 아니라 다른 사람의 인생에, 나아가 보다 나은 세상을 위해 분명 의미와 가치가 있을 것이다.

맬컴 X는 16발의 탄환을 맞고 불행한 죽음을 맞았지만, 그의 삶은 그가 죽은 지 어언 50년이 지난 오늘까지도 뜨거운 조명을 받고 있다. 얼마나 명예로운 일인가. 맬컴 X의 조국이었던 미국에 최초 흑인 대통령이 당선되고 또 얼마 전 재선에 성공한 바탕에는 맬컴 X의 목숨을 건 헌신과 희생정신이 서려 있다고 나는 확신한다.

진정 의미 있고 멋진 삶은 우리가 살아가는 동안 확인되는 것도 있지만, 먼 미래에 우리 사회가 더 좋은 사회로 진화하는 데 거름으로 쓰이는 삶일 수도 있다. 이 책을 읽는 청소년들에게도 그런 맬컴 X의 삶이 전달되었으면 한다.

# 맬컴 X 연보

1925년　얼 리틀과 루이즈 리틀 부부 사이에 넷째 아이로 태어남.

1926년　리틀 가족, 위스콘신 주의 밀워키로 이사.

1927년　맬컴의 남동생 레지널드, 위스콘신 주 밀워키에서 출생.

1928년　얼 리틀, 미시간 주 랜싱에 집을 마련.

1929년　백인들의 방화로 집이 불에 탐.

1931년　맬컴의 아버지 얼 리틀, 백인 우월론자에 의해 살해 당함.

1938년　맬컴, 랜싱 초등학교 입학.

1939년　8월. 맬컴, 판사의 결정에 따라 스왈린 씨가 운영하는 미시간
　　　　주립 보호소로 보내짐.

　　　　9월. 미시간 주 메이슨 초등학교에 전학.

　　　　가을. 맬컴, 변호사가 되고 싶다고 선생님에게 말했다가 그것
　　　　은 흑인으로서는 불가능하다는 선생님의 말에 상처를 받음.

1941년　2월. 메이슨 초등학교 졸업 후 이복 누이인 엘라 콜린스와 살
　　　　기 위해 보스턴으로 가 구두닦이, 웨이터 등의 생활을 함.

1943년　3월. 뉴욕으로 감.

　　　　할렘의 스몰즈 파라다이스 클럽에서 웨이터로 일함.

| 1946년 | 1월 12일. 보스턴 보석 가게에서 훔친 시계를 수리하다 체포됨. |
| | 2월 27일. 찰즈타운 교도소에 수감됨. 교도소 도서관에서 독서 를 시작함. |
| 1948년 | 남동생 레지널드를 통해 엘리자 무하마드의 가르침을 받음. |
| 1952년 | 8월 7일. 감옥에서 출소. |
| | 8월 8일. 디트로이트로 이동하여 1953년 5월 4일까지 형 윌프 레드와 함께 삶. 윌프레드가 운영하는 가게에서 가구 판매원 으로 일함. |
| 1953년 | 2월. 이슬람 교단에서 신앙 생활을 하면서 여러 이슬람 집회에 참석. 시카고로 이동하여 엘리자 무하마드를 만나 'X(엑스)'라 는 성을 받음. |
| | 9월. 보스턴 제11사원의 초대 목사로 임명됨. |
| 1954년 | 2월. 뉴욕 제7사원 지도자로 임명됨. |
| 1956년 | 베티를 만남. |
| 1957년 | 7월 18일. 신문에 '신의 화난 사람들'이라는 제목의 칼럼을 쓰 기 시작함. |
| | 9월. 미시간 주 디트로이트 이슬람 국가 사원의 목사로 일함. |
| 1958년 | 1월 12일. 디트로이트 주유소에서 베티에게 전화로 프러포즈 함. 베티가 승낙함. |
| | 1월 14일. 랜싱에서 베티와 결혼함. |

11월. 첫딸 아틸라 태어남.

1959년 TV 프로그램에 출연하여 전국적으로 유명해짐.

2월. 뉴욕의 여러 집회에서 연설을 함. 이슬람 교단의 대표적인 연설가가 됨.

1962년 뉴욕 이슬람 교단의 지도자로서 모든 흑인들의 아프리카로의 이주 혹은 백인과의 완전한 분리를 주장함.

1962년 3월 11일. 뉴욕의 언론들이 맬컴의 분리주의에 대해 비난조의 기사를 싣기 시작함.

1962년 4월 27일. 이슬람 교단 신도인 로날드 스토크, 경찰이 쏜 총에 맞아 사망함. 맬컴, 이에 항의하기 위해 흑인 집회 기획.

12월 12일. 할렘 사원에서 '흑인의 역사'를 주제로 강연함. 엘리자 무하마드의 부정한 소문이 이슬람 교단에 떠돌기 시작하자 많은 신도들이 이슬람 교단을 이탈함.

1963년 2월. 엘리자 무하마드에 대한 소문이 사실임을 확인하고 충격을 받음.

2월 13일. 타임스퀘어에서 이슬람교도 시위를 주도.

11월 22일. 존 에프 케네디 대통령, 텍사스 주의 댈러스에서 암살 당함.

12월 1일. 맬컴, 신문 인터뷰에서 '케네디의 죽음은 자업자득이다'라고 발언함.

12월 4일. 대통령 암살 관련 발언으로 엘리자 무하마드에 의해 90일간의 침묵을 명령받음.

**1964년**  2월 10일. 맬컴과 엘리자 무하마드 사이에 불화가 커지고 이슬람 교단 조직이 맬컴을 모함하기 시작함.

3월 26일. 미국 국회의사당에서의 회의 직후 마틴 루서 킹 목사와 만남.

**1964년**  4월 8일. 공식적으로 흑인 이슬람 교단과의 결별을 선언.

4월 13일. 성지 순례를 시작함.

4월 21일. 사우디아라비아 왕자인 파이살로부터 국빈 대접을 받음.

5월 21일. 성지 순례를 마치고 뉴욕으로 돌아옴.

6월 21일. 집회에 참석해 새로운 흑인 인권 운동 기구 결성 계획을 발표.

6월 28일. 전 세계적인 흑인 인권 운동을 위해 아프리카 계 미국인 연합 기구(OAAU) 결성 발표.

7월 3일. 앞에서 두 명의 괴한으로부터 위협을 당함.

8월 17일. 이집트 카이로의 OAAU 집회에서 연설.

8월 21일. 카이로에서 열린 제2회 아프리카 정상 회의에 참석.

12월 7일. 시카고에서 이슬람 교단의 한 신도가 맬컴을 죽이겠다고 위협함.

**1965년**  2월 14일. 동부 엠허스트에 위치한 맬컴의 집이 오전 2시 46분에 폭탄을 맞아 타 버림. 오전 9시 30분에 디트로이트로 이동해 집회에서 연설.

2월 21일. 오후 3시 10분, 오듀본 볼룸(Audubon Ballroom)에서 열린 OAAU 집회에서 연설을 시작한 직후 세 명의 남자로부터 총탄을 맞고 사망함.

2월 27일. 할렘가의 교회에서 장례식 거행됨. 1500명의 시민이 참석하여 맬컴의 죽음을 애도함.

# 맬컴X

© 김도언, 2004

초판 1쇄 발행  2004년 2월 9일
개정판 1쇄 인쇄  2012년 11월 26일
　　　3쇄 발행  2022년 5월 3일

지은이　　김도언
펴낸이　　강병철
펴낸곳　　더이룸출판사
출판등록　1997년 10월 30일 제1997-000129호
주소　　　10881 경기도 파주시 회동길 325-20
전화　　　편집부 02) 324-2347 경영지원부 02) 325-6047
팩스　　　편집부 02) 324-2348 경영지원부 02) 2648-1311
이메일　　jamoteen@jamobook.com

ISBN  978-89-5707-714-6 (44990)